高端人才培养理论与实践研究

——校企合作之有益探索

陶言诚 著

吉林出版集团股份有限公司

图书在版编目（CIP）数据

高端人才培养理论与实践研究：校企合作之有益探索 / 陶言诚著. -- 长春：吉林出版集团股份有限公司, 2020.6

ISBN 978-7-5581-8695-0

Ⅰ.①高… Ⅱ.①陶… Ⅲ.①高等学校—产学合作—人才培养—研究—中国 Ⅳ.①G640

中国版本图书馆CIP数据核字(2020)第106299号

高端人才培养理论与实践研究：校企合作之有益探索

作　　者 / 陶言诚
责任编辑 / 蔡宏浩
封面设计 / 万典文化
开　　本 / 787mm×1092mm　1/16
字　　数 / 210 千字
印　　张 / 10.25
印　　数 / 1—1000
版　　次 / 2020 年 6 月第 1 版
印　　次 / 2022 年 9 月第 2 次印刷
出　　版 / 吉林出版集团股份有限公司
发　　行 / 吉林音像出版社有限责任公司
地　　址 / 长春市福祉大路 5788 号
电　　话 / 010－81130031
印　　刷 / 北京七彩京通数码快印有限公司

ISBN 978-7-5581-8695-0　　　　　　定价 /65.00 元

前　言

人才培养是高校核心职能之一。人才培养目标是高校人才培养的总体要求，是高校教育类型与层次质的规定性的反映，也是教育实践的行动指南，它决定着教育改革与发展的全局。我国高等职业教育自20世纪80年代建立以来，人才培养目标先后被确定为"较高级技术员和相应层次的技术、管理人员""高等技术应用性专门人才""高技能人才""高端技能型人才"和"高端技术技能人才"，逐步形成了具有高等职业教育特色的培养目标。这反映了我国对高等职业教育规律的认识在不断深化，也反映了高等职业教育的培养目标在不断适应经济、社会和技术发展的过程中逐渐完善。

目前，我国正处于经济增长速度换挡期、结构调整阵痛期、前期刺激政策消化期三期叠加的阶段。中国将在未来相当长一段时期内保持经济中高速增长，同时蕴含了转型升级、生产率提升和多元创新的新机遇，不仅需要一大批拔尖创新人才，更需要职业教育培养的大量高端技术技能型人才，将大量创新成果转化为现实生产力，促进先进技术的转移扩散和转化应用。职业教育迫切需要在稳定规模基础上，全面深化改革创新，适应技术进步和生产方式变革以及社会公共服务需要，更加重视高端技术技能人才的培养，深化产教融合、校企合作，注重文化素养、职业精神和技术技能融合培养，提升人才培养的针对性和适应性，切实提升劳动者素质和创造附加价值的能力，促进职业教育与社会需求紧密对接，为经济社会发展提供有力的支撑。

高端技术技能型人才培养是一项系统工程，涉及职业教育人才培养的理念、制度、师资基础、人才培养方案设计实施、学生学业成就评价等众多因素。其中深入领会高端技术技能型人才的内涵及特征、设计学习路径与职业成长路径同步的高端技术技能型人才培养方案、构建学生学业成就评价标准、打造高端技术技能型人才培养的师资基础职——教名师队伍等微观层面的因素是高端技术技能型人才培养的关键环节和要点，也是目前职业教育研究中比较薄弱环节。本书在吸收国内外有关高技术技能型人才培养最新理论成果的基础上，从实证分析的角度以电子商务这个社会吸引力较强、与首都社会经济发展关系密切的专业为样本展开高端技术技能型人才培养——职业教育本科培养方案设计研究，同时，构建高端技术技能型人才培养的出口标准——学生学业成就评价体系框架，并对高端技术技能型人才培养的师资基础——职教名师成长路径进行深入研究，探索高端技术技能型人才的培养过程、路径、检验标准以及师资条件，其成果对于其他财经类专业高端职业教育人才培养研究及实践具有重要示范及方法学借鉴意义，对于高端技术技能型人才的培养能否最终落地具有重要意义。

目 录

第一章　高端专门人才及其培养体系

第一节　高端技能型专门人才的内涵

一、高端技能型专门人才概念的提出

自20世纪90年代以来，我国高职教育培养目标经历了几次变化，因而其培养的人才的"称呼"也随之发生变化；这些变化折射了高职教育在我国经济社会发展中越来越重要的地位。

（一）第一阶段：对于高职教育培养的人才的"操作型"和"实用型"定位

国务院出台《关于大力发展职业技术教育的决定》，把高职教育人才培养目标定位为"技艺性强的高级操作人员"；国家教委印发《关于推动职业大学改革与建设的几点意见》，提出高职教育要"为地方经济建设和社会发展培养高级实用技术、管理人才"；国务院批转了教育部《面向21世纪教育振兴行动计划》，《计划》提出"高等职业教育必须面向地区经济建设和社会发展，适应就业市场的实际需要，培养生产、服务、管理第一线需要的实用人才"。

（二）第二阶段：对于高职教育培养的人才的"高素质"和"高技能"定位

教育部印发《关于加强高职高专教育人才培养工作的意见》，提出高职教育要培养"适应生产、建设、管理、服务第一线需要的，德、智、体、美等方面全面发展的高等技术应用性专门人才"；《国务院关于大力推进职业教育改革与发展的决定》

提出，高职教育"要培养生产、服务第一线的高素质劳动者和实用人才"；《教育部关于全面提高高等职业教育教学质量的若干意见》提出，高职教育要"为社会主义现代化建设培养千百万高素质技能型专门人才"；《教育部财政部关于进一步推进"国家示范性高等职业院校建设计划"实施工作的通知》提出，高职院校"要培养高素质高级技能型专门人才"。

（三）第三阶段：对于高职教育培养的人才的"高端技能型专门人才"定位

教育部颁布实施的《教育规划纲要》，首次从建立现代职业教育体系的角度明确提出，要"发挥高等职业学校的引领作用，重点培养高端技能型人才"；教育部副部长鲁昕在全国职业教育与成人教育工作会议上的讲话《贯彻落实教育规划纲要推动职业教育协调发展》中提出，高职教育的任务是"发挥高等职业学校的引领作用，重点培养高端技能型人才"；同年6月，鲁昕副部长在教育部举办的"高等职业教育引领职业教育科学发展战略"研讨班上做了《引领职业教育科学发展系统培养高端技能型人才》报告，明确提出高职教育的"主要任务是培养生产、服务、管理第一线的高端技能型专门人才"；其后教育部在《关于推进高等职业教育改革创新引领职业教育科学发展的若干意见》中也明确指出，高职教育"必须准确把握定位和发展方向，自觉承担起服务经济发展方式转变和现代产业体系建设的时代责任，主动适应区域经济社会发展需要，培养数量充足、结构合理的高端技能型专门人才"。

（四）"高端技能型专门人才"提法的最新发展

教育部发布《国家教育事业发展第十二个五年规划》，不仅承袭了"高端技能型专门人才"的提法，还在此框架下，对高职教育的人才培养目标进行了诠释——"高等职业教育重点培养产业转型升级和企业技术创新需要的发展型、复合型和创新型的技术技能人才"。"发展型、复合型和创新型的技术技能人才"，这是高职教育人才培养目标定位的最新提法。

为了保持"高端技能型专门人才"这一名称的相对稳定性，本研究仍采用这一提法。

二、高端技能型专门人才内涵的界定

如前所述，对于高端技能型专门人才内涵的界定，有一个认识不断深化的过程。在此，仅从高技能人才到高端技能型专门人才内涵界定的演变，来认识高端技能型专门人才内涵问题。这样，我们的认识视角就更加历史、更加全面。

（一）学术文献中的"高技能人才"界定

从学术文献来看，国内研究者对于"高技能人才"的界定，大致有"操作性""技术性"和"岗位领域性"等三种取向。

1.操作性取向：强调劳动者操作技能的精湛程度和熟练程度

管平、胡家秀的观点有一定的代表性：高技能人才是在生产、服务一线中，掌握专门知识和操作技能，解决工作实践中关键性操作技术和工艺难题的从业人员，主要包括取得高级工、技师和高级技师职业资格及相应职级的人员。

这类观点认为，高技能人才最重要的是执行能力和操作经验，认为其主要以操作技能为主，其技能具有娴熟、高超性，具体体现在对操作产品的精度有很高的要求。

2技术性"取向：强调劳动者利用智力技能进行创造性活动

这种观点认为，高技能人才应与普通的技能型人才区分开来，这一类人才需要了解更多的现代科学知识，对专业理论有一定的要求，智力技能成分应当占较大的比重，有较强的创新能力。

郎群秀认为，高技能人才与一般技能人才的关系是，高技能人才掌握精湛的技艺，具有独立解决复杂性、关键性和超常规实际操作难题的能力，而一般技能人才不具备这种技能和能力。

3."岗位领域性"取向：强调劳动者特定的工作岗位领域

这种观点不对高技能人才的"操作性"和"技术性"做区分，不对其动作技能和心智技能（或者是经验技术和理论技术）的比重做区分，而是强调其隶属于"工人队伍"，特指在制造、加工、建筑等传统产业领域和新能源、环保、电子信息、航空航天等高新技术产业领域以及现代服务业领域工作的一线人员。

（二）官方文件中的"高技能人才"（"高端技能型专门人才"）界定

在官方文件中，对于高级技术技能人才的"称呼"并不统一。如前述，教育部的一些文件已经在使用"高端技能型专门人才"说法，但其他部门的文件仍多采用"高技能人才"这样的说法。因此，从这个意义上讲，高端技能型专门人才与高技能人才并无本质的不同，在有些时候它们更多体现的是官方不同部门的不同说法口径。这也从一个侧面反映出我国高职教育（职业教育）管理中的复杂性和非统一性。以下的分析，我们以"高技能人才"的称呼来反映高端技能型专门人才的官方界定情况。

《关于进一步加强高技能人才工作的意见》指出："高技能人才是我国人才队伍的重要组成部分，是各行各业产业大军的优秀代表，是技术工人队伍的核心骨干，在加快产业优化升级、提高企业竞争力、推动技术创新和科技成果转化等方面具有不可替代的重要作用。"

《高技能人才培养体系建设规划纲要》，进一步明确了高技能人才的地位与作用。《纲要》基本精神的解读是：第一，强调高技能人才的地位。高技能人才是我国人才队伍的重要组成部分，是推动技术创新和实现科技成果转化的重要力量。加快高技能人才队伍建设，关系到我国核心竞争力和综合国力的增强，是实施人才强国战略、建设创新型国家的重要举措。第二，《纲要》从工作领域、能力特征和认定标准等三个方面，对高技能人才进行了明确界定。高技能人才是在生产、运输和服务等领域岗位一线的从业者中，具备精湛专业技能，关键环节发挥作用，能够解决生产操作难题的人员。第三，对高技能人才进行了细分。高技能人才主要包括技能劳动者中取得高级技工、技师和高级技师职业资格及相应职级的人员，可分为技术技能型、复合技能型、知识技能型三类人员。这些高技能人才主要分布在一、二、三产业中技能含量较高的岗位。其中，技术技能型人才是在企业生产加工一线中从事技术操作，具有较高技能水平，能够解决操作性难题的人员，主要分布在加工、制造、服务等职业领域（如高级钳工、中式烹调师等）；复合技能型人才是在企业生产加工一线中掌握一门以上操作技能，能够在生产中从事多工种、多岗位的复杂劳动，解决生产操作炽题的人员（如机电一体化人才、综合服务一体化人才，以及新兴的创意和操作一体化人才等）；知识技能型人才是既具备较高的专业理论知识水平，又具备较高的操作技能水平的人员.他们能够将所掌握的理论知识用于指导生产实践，创造性地开展工作，主要分布在高新技术产业和新兴职业领域。

《高技能人才队伍建设中长期规划（2010—2020年）》在此基础上，进一步强调了高技能人才具有的"创新性劳动"素质，以及在新的经济社会发展背景下所承担的使命。《规划》指出："高技能人才是指具有高超技艺和精湛技能，能够进行创造性劳动，并对社会作出贡献的人，主要包括技能劳动者中取得高级技工、技师和高级技师职业资格的人员。高技能人才是我国人才队伍的重要组成部分，是各行各业产业大军的优秀代表，是技术工人队伍的核心骨干，在加快转变经济发展方式、促进产业结构优化升级、提高企业竞争力、推动技术创新和科技成果转化等方面具有重要作用。"

（三）学术界中的"高端技能型专门人才"界定

迄今为止，学术界对"高端技能型专门人才"的讨论，主要有以下四种观点：

第一，认为"高端技能型专门人才"应体现出服务对象的特殊。随着我国经济结构的调整和产业结构的转型升级，高新技术产业将在未来得到大发展.从而对应用型、技能型的高端人才需求量大增。因此，有论者指出，高职教育与中职教育的人才培养目标定位应有明显的界限，中职教育的"高技能型"定位隐含的是技能型人才本身的层次性，高职教育的"高"则应在层次上体现出服务对象的"高端"，即为高新产业前沿发展服务。从某种程度来说，服务对象的"高端"也相应提高了高职学生的就业层次。

第二，认为"高端技能型专门人才"应体现在技术技能的等级上。从研究结论来看，有的是进行定性化判断，有的是将定性分析与定量分析相结合进行判断。如有论者认为，高端技能型专门人才应是具有劳动技能的高熟练程度、丰富的经验、对隐性知识与隐性技术的精准掌握及较强的问题解决能力的一类人才；也有论者指出，高端技能型专门人才应是最高等级的高级技师，或应将获得高级技师或技术等级证书作为衡量标准。

第三，认为"高端技能型专门人才"应体现在学历的具体限定上。有论者指出，当下单一层次的高职教育不能满足社会经济的多元化需求，高端技能型专门人才的学历要求应达到高职学士和研究生水平。不过，提出这种学历要求需要一个前提，即我国要构建完整的高职教育层次结构，建立现代职业教育体系，并健全专业教育的学位体系。

第四，认为"高端技能型专门人才"应体现出其在自身发展及本职领域起到的引领作用。这包含两层意思：一是从人才综合素质角度出发提出的要求，即在职业道德、知识迁移、社交情商等其他方面有引领高职生自我发展的能力；二是其效能作用，即在一定条件和时期内，通过其形成的规制体系，在相关领域具有管理与技术上的适度超前性和先进性，从而在本职或相关岗位起到引领作用。

三、高端技能型专门人才的基本特征

相对于一般的技术技能人才而言，高端技能型专门人才的主要区别在于"高端"。按照"百度百科"的解释，"高端"形容事物的最高层次。综合考虑学术研究、政策文件与实践操作三个层面的多种因素，高端技能型专门人才的"高端"主要体现在三个方面，即"高端"的素质、"高端"的技能、"高端"的职业（技能）证书。

（一）"高端"的素质

"高端的素质"具体体现在价值判断力的"高端"与职业道德的"高端"两个方面。

高端技能型专门人才不仅要解决"会不会做"的问题，还应该并且能够判断"能不能做""可不可以做"和"应不应该做"的问题。这些问题涉及价值判断、伦理要求和法律法规等人文社科方面的知识与素质。

"德者，才之帅也"，高技能必须以高素质来驾驭。影响人的技术技能活动因素，既有科学性因素，也有功利性因素，还有社会性因素，它与科学、技术、经济、文化、政治和自然环境与资源密切相关。因此，如果高端技能型专门人才不具备现代技术技能的价值观、生态观与效益观，就很难保证其高超的技术技能不会被不合理甚至不合法地使用，进而产生危害社会的严重后果。高端技能型专门人才应该具备较高的职业素质和敬业精神、科学严谨的工作态度、良好的职业操守，有高度的社会责任感和服务意识、艰苦创业的意识、企业的主人翁意识、立志岗位成才和终身学习的意识。

（二）"高端"的技能

1."高端"是"高"的职业能力

技能是针对职场和具体的工作岗位及任务而言的，因而高端技能型专门人才的基本特征是职业能力的"高"职业能力是人们成功地从事某一特定职业活动所必备的一系列的稳定的、综合性的个性心理特征。通俗地理解，职业能力就是指人们对某职业工作任务的胜任力。从这一角度来看，职业能力具体表现为知识、技能、态度和经验，是这四方面因素的综合体。从职业能力与职业活动关联紧密程度来看，可以将职业能力划分为专业能力和关键能力。专业能力指专门知识、专业技能和专项能力等与职业直接相关的基础能力，是职业活动得以进行的基本条件；关键能力是指超越一般专业能力领域以外而对职业活动发挥着至关重要作用的方法能力（主要包括学习能力、工作能力）与社会能力（主要包括共处能力、合作能力）。关键能力与纯粹的、专业的职业技能和知识没有直接的联系，但又与完成专业任务密切相关。

2."高技能"的表现形态

现代社会化大生产的一个重要特征，是社会分工越来越精细、越来越专业化。从适应社会化大生产需要的角度出发，"高技能"主要有四种表现形态。

一是专业型的"高技能"，即具有某专业领域的高超技艺、精湛技能或核心技术，能解决生产一线的关键、核心或疑难技术技能问题。二是知识型的"高技能"，即既具备某专业领域扎实的专业理论基础，又具备本专业领域高超的技术技能，能较好地运用理论知识与技术技能解决生产实践难题。三是复合型的"高技能"，即同时具有若干个领域的专业知识与技术技能，同时具备生产一线多个岗位的技术技能，能综合运用多领域的专业知识与技术技能解决生产一线复杂、复合或疑难问题。四是创新型的"高技能"，即同时具有在相关专业领域中进行技术技能创新的主观能动性和能力，能积极实践在本专业领域的工艺革新、技术改良、流程改革甚至发明创造。

（三）"高端"的职业（技能）证书

从人才认证的角度来看，高端技能型专门人才应持有或是获得本专业（行业）领域较高级别或较高层次的技能证书、职业资格证书、职称证书或相关资格认证。

正如《高技能人才培养体系建设规划纲要》明确指出的，高技能人才（这里当然可以看作是高端技能型专门人才）"主要包括技能劳动者中取得高级技工、技师和高级技师职业资格及相应职级的人员"，主要分布在一、二、三产业中技能含量较高的岗位上，这些岗位对应于《中华人民共和国职业分类大典》中的第三至第六大类。

四、简要结论

综合以上的分析，联系该概念提出的时代背景，我们认为"高端技能型专门人才"的基本内涵应包括三个层面的内容：第一，高端技能型专门人才是高技能人才；第二，高端技能型专门人才是在技术技能型人才队伍中起引领作用的高端人才；第三，高端技能型专门人才是高端技术领域内的或岗位上的技能人才。

其中，"高端"是在服务对象、人才层次等方面提出的层级性要求，隐含高职教育人才培养体系化的前提——是为了应对战略性新兴产业发展所必须达到的学历水平要求，是对"一技之长+综合素质"层级化的一种考量，也是对高职教育"高等"属性的一种体现；"技能型"是在专业化、实用化等方面提出的落脚性要求，隐含高职教育人才培养始终应坚持的市场化特征，也是高职教育"职业"属性的一种体现。

第二节　高端技能型专门人才培养的意义与作用

一、经济发展、产业结构演变与人才供给关系的理论阐释

（一）产业结构演变的内在逻辑

从西方工业化国家经济发展的一般经验来看，经济发展和产业结构的演变有其内在的逻辑演进规律。随着经济的不断增长，第一产业产值的比重将下降，第二产业、第三产业产值的比重上升，并且第三产业产值的比重将超过第二产业。

经济发展和产业结构发生变化的一个直接后果，是企业使用生产效率更高的技术来生产出更多的物质财富，并表现出劳动生产率提高，以及技术替代劳动、人力资本替代物质资本的现象，从而引导劳动力的再配置——由第一产业向第二产业转移，再由第一产业、第二产业向第三产业转移。这样就引起了就业结构的转换。这是产出结构对就业结构的牵动作用。

（二）相关研究成果简述

近年来，国内学者对于产业结构调整和人才结构的问题做了一些研究，也取得了一些成果。

李彬认为，经济发展、产业结构与人才需求结构之间存在着相互依存、相互促进的关系，经济发展状况决定了人才需求的分布、类型、规格、数量和质量；产业结构和技术结构的变动引发人才需求结构的变动，产业结构的高度化改变了人才需求的能级结构，这就要求人才的供给结构要做相应的调整。菊莲认为，现阶段我国人才结构的主要特点是人才向第三产业过度集中，未来经济和社会发展对人才需求将进一步增强，在人才供给能力进一步提高的同时，人才供求总体上存在总量短缺

与结构性短缺、供给性短缺与需求性短缺并存的状况。赵光辉以中部六省人才存量结构和增量结构以及产业结构调整状况为基础，对区域人才结构与产业结构互动问题进行了研究，认为产业结构和人才需求结构之间存在关联性，产业结构影响人才需求结构。赵光辉还分析了人才结构调整、产业结构调整的一般规律，认为人才结构与产业结构互动符合人才资源流动的推力/拉力规律，即产业结构调整拉动人才结构调整，人才结构调整推动产业结构调整，两种力量不断在动态中保持平衡。罗文标、黄照升和夏洪胜认为，我国产业中的人才结构性矛盾十分突出，主要体现在产业的人才规模结构与产业的产值结构不匹配，高素质人才短缺，专业技术人才偏少，以及人才在各产业间的流动不顺畅。罗文标和黄照升还指出，产业结构的高级化必然推进人才结构的高级化演变，不同的产业发展阶段伴随着人才的发展阶段；他们认为人才的质和量的需求在产业结构调整过程中需要不断调整，以促进人才结构得到优化和升级。张胜冰、吉宇通过数据分析，发现中部地区现有的人才结构出现了与产业结构相互制约的情况，已不适应产业结构调整的需求，严重地影响了中部地区自主创新能力及经济和社会的发展。

二、高端技能型专门人才培养的现实意义

高端技能型专门人才是我国人才队伍的重要组成部分，是各行各业产业大军的优秀代表，是技术工人队伍的核心骨干。鉴于此，大力推进高端技能型专门人才培养工作，对于加快产业转型升级、提高企业竞争力、推动技术创新和科技成果转化等具有重要的现实意义。

（一）高端技能型专门人才培养工作存在的问题

改革开放以来，我国高端技能型专门人才工作取得了显著成绩，人才队伍不断壮大。但是，随着经济全球化的深入发展，科技进步的日新月异，我国经济结构调整也在不断加快，人力资源能力建设要求不断提高，高端技能型专门人才培养工作由此面临着重要机遇和严峻挑战。

从总体上看，高端技能型专门人才培养工作基础薄弱，培养体系不完善，评价、激励、保障机制不健全，轻视技能劳动和技能劳动者的传统观念仍然存在。当前，高端技能型专门人才的总量、结构和素质还不能适应经济社会发展的需要，特别是在制造、加工、建筑、能源、环保等传统产业和电子信息、航空航天等高新技术产业以及现代服务业领域，高端技能型专门人才严重短缺，已成为制约经济社会持续发展和阻碍产业升级的"瓶颈"。

（二）"重要版略机遇期"和"重要历史节点"

当前，我国正处在工业化、信息化、城镇化、农业现代化"四化"同步发展的重要战略机遇期.走到如何推动信息化和工业化深度融合、工业化和城镇化良性互动、

城镇化和农业现代化相互协调的重要历史节点。这个"重要战略机遇期"和"重要历史节点"正为高端技能型专门人才培养提供了广阔的发展空间。对这一基本判断有以下几个要点：

第一，信息化和工业化"两化"融合，其着眼的是工业化——致力于对以制造业为代表的工业的转型升级过程进行"信息化武装"。因而目前这"两化"建设根基在大（特）城市，兼及部分中等城市，但对更多的中等城市，特别是小城市、县域尚未形成足够的甚至没有形成辐射力。

第二，工业化和城镇化"两化"互动，其目前远未达到"良性"状态。西方国家城市化的演进史表明：工业化的启动是城市化的原动力，城市化水平的提高是工业化的结果；工业化是城市化的内容，城市化又是工业化的空间载体；这"两化"的相互促进、互为因果，又使人口的非农化齐头并进。中国改革开放发展史，可以说是一部城市化的推进史：城市化率已从改革开放初期的约20%提高到超过50%。但与西方国家这"两化"同步推进不同的是，我国的城市化步伐要落后于工业化脚步：目前已总体进入工业化中期阶段，然而对照这"两化"交互前进的三个不同阶段（工业化与城市化交互前进的三个不同阶段是：工业化带动城市化为第一阶段，工业化与城市化互动性加强为第二阶段，城市化引领工业化为第三阶段），目前城市化尚不足以形成对工业化的互动效应。鉴于此，我国城市化发展还有巨大潜力。这里，还要特别指出，目前国家正在推进城镇化发展战略，即要从先前的"城市化"发展战略转向现在的"城镇化"发展战略；而"市"到"镇"的一字变化，折射的是发展重心、方向的转变："眼睛"要从大城市转向中小城市、特别是转向小城镇，实现县域经济社会发展的"跟进"。诺贝尔经济学奖得主、美国经济学家斯蒂格利茨曾断言，21世纪对世界影响最大的两件事：一是美国高科技产业的发展，二是中国的城镇化。

第三，城镇化和农业现代化"两化"发展，其也未能达到"协调"的程度，具体表现为：城镇化未能成为释放农业农村需求的重要战略基点；未能充分发挥城镇化对农业现代化的重要引擎作用；城镇化未能成为实现城乡发展均等化的重要途径。为此，要大力推进中国特色城镇化，从而推进农业现代化发展。

由此可见，在促进区域"四化"建设方面，高端技能型专门人才培养责任重大，肩负高端技能型专门人才培养重任的高职院校，其作用是无可替代的。

三、高端技能型专门人才培养的重要作用

人才资源是经济社会发展的第一资源，是我国人力资源的重要组成部分；高端技能型专门人才资源作为我国人才资源、人力资源的重要组成部分，在加快我国新型工业化道路、促进产业优化升级、全面提升企业核心竞争力等方面具有不可替代

的作用。

（一）有利于加快转变经济发展方式和调整优化经济结构

国家重点产业调整振兴计划的实施和新兴战略性产业的发展，急需一大批掌握精湛技能和高超技艺的高端技能型专门人才作支撑。形成这一支撑的内在动因是：走新型工业化道路，加快传统产业的升级改造，迫切需要提升技能劳动者队伍素质；加快发展以现代服务业为代表的第三产业，迫切需要一大批掌握现代服务技能的人员；发展低碳经济和绿色产业，迫切需要培养一批相关领域的技能人员。

随着产业升级和技术进步，特别是信息化、自动化技术的发展，具备高超技能、良好理论和技术知识素养、一专多能的高端技能型专门人才，将成为技术技能人才队伍的主力。

（二）加强高端技能型专门人才培养有利于缓解就业矛盾

当前和今后较长的一个时期，一方面，我国就业形势依然严峻，劳动力供大于求的总量矛盾将长期存在，劳动者技能与岗位需求不匹配造成的就业结构性矛盾更加突出。因此，必须大力加强劳动者就业技能培训，不断提升职业素质和技能水平，逐步缓解就业结构性矛盾。另一方面，我国人口老龄化程度提高，平均受教育年限延长，每年实际进入人力资源市场的新成长劳动力规模呈下降趋势；同时，随着工业化、城镇化的推进，农村人口将加快向发达地区和城镇转移。在新生人口规模总量控制的背景下（十八届三中全会虽然做出了适当放松人口生育限制的重大决策，但人口的生产还是有滞后期的），上述因素共同导致的就业不足，只能通过人口素质和劳动者技能的提高来解决。

（三）加强高端技能型专门人才培养有利于提升企业竞争力

人才资源是企业发展的基础。先进的科技成果需要通过技术工人的劳动转化为现实的生产力，先进的设备要靠人来操作和维护。提升企业的核心竞争力，提高企业产品质量，加快企业产品优化升级，都对高端技能型专门人才队伍建设提出了新的、更高的要求。

四、高端技能型专门人才培养面临的新挑战

前文关于经济发展、产业结构演变与人才供给关系的理论分析表明，经济发展方式的转变和产业结构的优化，与人才供给之间存在着需求反应与供给引导的紧密互动关系。这里的"人才"指的是高端技能型专门人才。

所谓需求反应，是指高端技能型专门人才供给的规模、结构与质量取决于产业的发展，产业的发展又带动了企业的数量、规模与产品（服务）等发生变化，由此导致了企业对于高端技能型专门人才需求的变化，于是，个人、政府与以高职院校为代表的教育培训组织等主体，相应地调整与改进高端技能型专门人才的培养与供

给，以适应产业发展的需求。所谓供给引导，是指由于高端技能型专门人才供给的改进，能促进与引导产业的发展，因此，在产业尚未发展到特定水平的情况下，政府部门通过相关规划、政策、措施等的制定与实施，调整与改进高端技能型专门人才的培养与供给，以促进经济与产业发展。

当前，我国正处于经济发展方式转变和产业结构优化的关键时期。这对高端技能型专门人才培养体系建设提出了新的挑战，也提出了新的要求。

（一）对高端技能型专门人才供给规模提出了新要求

当前我国经济发展方式转变和产业结构提升的三项重要工作，都急需一大批高端技能型专门人才。

一是走新型工业化道路，加快传统制造产业的升级改造，迫切需要一大批掌握先进制造业技术的劳动者；二是加快发展以生产性服务业为代表的现代服务业等第三产业，迫切需要一大批掌握现代服务技能的劳动者；三是发展低碳经济和绿色产业以及其他战略性新兴产业，迫切需要培养一大批这些相关领域的劳动者。据预测，2015年和2020年，全国技能劳动者需求将分别比2009年增加近1900万人和3290万人（不含存量缺口930万人）。其中，制造业发展对技能劳动者的需求，将分别增加1253万人和2164万人；高端技能型专门人才需求，将分别增加约540万人和990万人（不含存量缺口440万人）。显然，如此大规模的人才需求，对现有的高端技能型专门人才培养体系来说，是一个巨大的挑战。

（二）对高端技能型专门人才供给结构提出了新要求

高端技能型专门人才的供给结构，应该与区域经济结构和产业结构大体匹配。当前和未来一个较长的时期内，我国经济发展方式的转变，必将引起经济结构和产业结构的巨大变化。这里的变化，既包括三次产业在国民经济中所占比重的变化，也包括三次产业内部各具体产业之间的结构变化，还包括各具体产业内部各生产环节（主要包括研发、设计、制造、销售、售后服务等环节）的结构变化。

高端技能型专门人才的供给结构主要表现为专业结构。高职教育的专业设置，决定了高端技能型专门人才培养的方向，反映了对应各产业的配置比例，从而反映了专业结构与产业结构的匹配性；换句话来讲，专业结构的合理与否，决定了高职毕业生是否能够成为高端技能型专门人才，从而是否能够满足区域产业结构调整与升级的需要。

以制造业为例，根据人力资源和社会保障部预测，到2020年之前，我国制造业内部对高端技能型专门人才需求较大的行业，包括房屋和土木工程建筑业，交通运输设备制造业，通用设备制造业，煤炭开采和洗选业，化学原料及化学制品制造业，专用设备制造业，非金属矿物制品业，黑色金属冶炼及压延加工业，电力、热力的生产和供应业，通信设备、计算机及其他电子设备制造业，建筑安装业，纺织业，电气机械及器材制造业，纺织服装、鞋、帽制造业和金属制品业等。而当前我国高职教育的专业设置情况还不能与这一需求相适应。上大学网公布的《中国高职院校最爱的专业排行榜》显示：大部分高职院校在专业设置上同质化，其中财经管理类和电子信息类专业设置最为集中；排名前10位的专业是——计算机应用技术（1070所）、物流管理（940所）、计算机网络技术（895所）、旅游管理（857所）、电子商务（850所）、机电一体化技术（783所）、市场营销（779所）、商务英语（749所）、会计电算化（706所）和应用电子技术（657所）。究其原因，高职院校专业设置的实际运行，不仅要考虑人才市场的需求，还要受制于学生与家长的专业选择偏好和学校自身的资源优势。这使得学校的专业设置与产业结构往往存在一定偏差。

经济发展方式转变所引发的经济结构和产业结构的深刻变化，必然对高端技能型专门人才培养体系的重构，提出了新的要求。对此，政府及其相关主管部门、以高职院校为代表的教育培训组织、企业和社会组织等，应进行适应性调整，以避免高端技能型专门人才培养的供给结构与经济结构和产业结构之间存在较大的偏差，进而避免社会资源的浪费和技术技能型人才的结构性失业等严重后果。

（三）对高端技能型专门人才培养质量提出了新要求

经济发展方式的转变和产业结构的提升，要求培养出更高质量的高端技能型专门人才。

以制造业为例，从"微笑曲线"来看，制造业的产业结构提升，是产品研发与设计、生产与制造、销售与服务等全方位的提升，其中后两个环节（生产与制造、销售与服务）的提升，高端技能型专门人才的质量起着非常重要的作用。一方面，两个环节的提升要求高端技能型专门人才具备更高的素质（如价值判断力、法律意识、环保意识，以及职业道德与敬业精神等），以确保生产出来的产品切合人类发展的需要，符合法律与环保的要求，品质经得起检验；另一方面，两个环节的提升要求高端技能型专门人才具备更高的技能（如在某专业领域内更专、更精、更深的技术、技能、技艺和技巧，或是在某专业领域内更加扎实的专业理论基础与更加高超的技术技能，或是同时掌握更多工种、更多岗位的专业知识与技能，或是具备更强的创新意识与创新能力等），从而能够解决因制造业能级提升而带来的更难更复杂的生产、销售和服务等方面的实践问题。

第三节　高端技能型专门人才培养体系

高端技能型专门人才作为"中国制造"的生力军和"中国创造"的必要力量，其集聚的能量和发挥的效力，事关中国经济可持续增长的大局。以更宽阔的视野、多元的视角，审视"高端技能型专门人才培养体系建设"命题，是一个必须正视并着力解决的重大课题。如何以"调节+调控"之手举全社会之力、调全社会之资源，则是其中的核心议题；而构建市场政府"两手并用"、企校社"三方联动"以及素质培养、科学评用、成长拓展、合理流动"四环齐抓"的高端技能型专门人才动态调配机制，构成这一核心议题的中心内容。

一、"两手并用"构成高端技能型专门人才动态调配的主线

（一）高端技能型专门人才动态调配的理论渊源

高端技能型专门人才的调配问题，实质是关于人力资源中的特定指向者——服务于企业或其他组织的具有较高的知识或技能的劳动力——的调配方式与机制问题；其动态问题，则是适时又优化地为此提供制度平台或环境氛围的问题；而"调配+动态"的协力运行会形成其动态调配的机制。

资源调配的基本方式，有市场调节与政府调控两种，由此也形成了两大运行机制。亚当·斯密的经典的"看不见的手"，将市场的调配功能发挥到极致；而由1929-1933年的世界经济大萧条催生的凯恩斯的"国家干预主义"毅然打破了这一神话——"市场失灵"使国家这只"看得见的手""该出手就出手"。几百年来，资本主义经济和后起的社会主义经济，都是在这"两手"的不断排斥—摩擦—结合的动态调适中得到发展的。中国改革开放30多年，则是"有计划的商品经济—中国特色社会主义市场经济"的动态演化史：计划与市场的地位和功能在不断变化，而市场在资源调配中的地位越来越重要十八届三中全会已经将这一地位从"基础性"提高到"决定性"。

（二）"鲜活"市场与"活泼"政府本身就是动态性的生动呈现

毋庸置疑，企业劳动力的调配方式，由计划调控转向以市场调节为主是必然趋势。依据生产由市场需求引发并受其制约的基本经济学原理.首先，没有消费者对最终产品的需求、对最终产品质量的需求，就不会有企业对劳动力资源、对有较高技能的劳动力资源即高端技能型专门人才的需求。其次，有了市场需求的动态性，就有了根据生产所进行的对较高技能的劳动力资源调配的动态性，因为决定企业对于较高技能的劳动力资源调配的根本因素是市场需求。在此，市场之手的"鲜活"性浑然毕现。

然而，由此而忽视政府的存在，在理论上是片面的，实践上也是危险的。政府根据经济社会发展与企业劳动力总量之间以及与企业较高技能的劳动力总量之间的供求关系，在制定长中短期相结合的调控计划、建立以法律法规手段和产业政策为主导的调控体系、出台并实施以财政政策、金融政策、收入政策为核心的调控政策等方面，会补市场之缺之不足。在此，政府之手瞄准市场又不拘于市场的"活泼"性全然凸显。

（三）以"三性"原则进行"三大调配"

劳动力调配，特别是有较高技能的劳动力调配，较之物质资源调配更重要、也更困难，原因在于它们的能动性与被动性、双向性与单向性的差异性：前者调配的主客体都是人，后者则仅仅是调配的对象，完全服从调配主体（人）的安排。

这种能动性与双向性表明，"人"始终是调配的核心要素——由一群人（调配者）对另一群人（被调配的劳动力和其中有较高技能的劳动力）实施调配；这种动态性又表明，这些"人"正在依"市场需求—生产—劳动力调配需求—有较高技能的劳动力调配需求"的适时变化，对调配进行"计划＋体系＋政策"的优化组合。在此，有较高技能的劳动力的动态调配，就会通过"三性"原则得到显现和张扬：一是调配的人本性——以人为本是根本宗旨；二是调配的柔性——以市场为导向并充分彰显政府的服务本色；三是调配的地方根植性——植根于区域经济社会发展现状与趋向。而这"三性"的具体实施，又会化解为周期性调配、季节性调配和临时性调配这"三大调配"的基本行动。

由于周期性调配是基于经济周期和企业生命周期的，对于周期性调配，市场调节和政府调控都须遵循"顺周期性"：在优化结构的总基调下，在经济繁荣期，加大配置力度以增加供应量；在经济萧条期，积极进行这一资源（资本）的有质有量的储备。这就要求建立高技能劳动力的"调控（节）器"和"蓄水池"：一般在经济繁荣期，"引水"和"放水"较之"蓄水"更紧迫，但往往有"病急乱投医"之嫌——会忽视培养质量；在经济萧条期，高技能劳动力短缺的局面会有所缓解，而这正是未雨绸缪的良机。

因此，"调控（节）器"建设中的政府责任、市场的天然功能，"蓄水池"建设中的政府的政策导向、市场的内在导向，都展现无遗。政府能否真正当好"调控"一角，关键在于能否把握好有为无为的"度"——其"缺位"固然要避免，但尤其应防止其"越位"和"错位"；而"短平快"的市场调节正可以补足其难以有效解决的"计划不如变化快"的现实难题，如企业常规生产所需的高端技能型专门人才是相对稳定的，但如遇订单出现非常规性增减变化从而产生非常规性需求，此时市场调节"出手"，就能得心应手。

二、"三方联动"是高端技能型专门人才动态调配的保障

高端技能型专门人才动态调配的背后，实为社会各方力量的一种整合，其成效取决于诸力量博弈的正效应；企业、学校（这里主要是高职院校）和社会培训组织（简称企校社）三方，正合力形成以"市场调节＋政府调控"为主导、以企校联动为基础、以社会培训组织的积极参与为补充的理想大格局。

（一）企校联动是一个"自蓄"与"他蓄"收放自如的调配过程

众所周知，无"水"无以"引水"和"放水"，也无以"蓄水"（这里的"水"即企业人才）。市场和政府担当着"引水"和"放水"的功能；而企业与高职院校是两个重要的"蓄水池"，但主次有别——作为"水"的最初和最终的需求者即需求主体，企业也"自蓄"一部分；作为"水"的基本供给者即供给主体，高职院校则专事"他蓄"。

对于高端技能型专门人才，企业既需要其上手快、留得住，又要进行一些储备，以应持续发展之需，于是，内外并举——内部进行岗位强化训练而外部积极引进，进行培养和招揽。就高职院校以就业为导向、以可持续发展为目标、以企业需要为根本出发点和落脚点而培养高端技能型专门人才的基本职能来看，"就业导向和可持续发展"本身就是市场政府联"手"作为的生动再现。一方面，基于就业导向，高职院校要外走校企合作之路，为企业培养"无缝对接"式的高端技能型专门人才；另一方面，基于可持续发展目标，高职院校还要内练学生的人文素养、创新精神、团队意识等综合素质，为企业输送后劲足的人才。无论是企业的岗位性培训、高职院校应企业急需开展的定向性培训，还是企业的"储备性"培训、高职院校的学历教育，或是校企合作进行的职业（执业）能力提升活动，都是为应对高端技能型专门人才的周期性以及季节性、临时性需要所做的努力。

特别提到，要充分发挥行业组织在高端技能型专门人才培养培训中的作用。因为行业组织是企校联动的纽带。行业组织的介入，通过为企业、高职院校等高端技能型专门人才培养培训机构提供科学、准确的人才需求信息，能够提高高端技能型专门人才培养培训的供需对接度，并在一定程度上改变当前高端技能型专门人才培养培训中重学历教育轻技能培训和."校热企冷"的局面。

（二）社会培训组织是联动的"第三方力量"

在企校的主导性培训以外，社会培训组织正发挥着不可忽视的作用。社会培训组织多为社会民间力量，其实质是政府、市场以外的"第三方力量"。"不可忽视"内隐之意是：高端技能型专门人才，其社会性的调配力量是市场调节、政府调控的有益的和必要的补充，其社会性的培训力量也是企校培训的不可或缺的补充。

与高职院校相比，社会培训机构对就业市场的敏感度高，办学规模小，办学体制机制更为灵活。因而社会培训机构往往能更加贴近于受训者和用人单位的需求.开展针对性很强的专项培训，一并解决了技能培训、提升与就业问题。社会培训机构已经成为高端技能型专门人才培养培训组织的重要补充。

三、"四环齐抓"形成高端技能型专门人才动态调配的着力点

一个以"市场导向+政府服务"型调配为主线，企校共生互赢，社会鼎力相助的开放式的、社会化的动态调配新机制，通过齐抓四环节—素质培养、科学评用、保障建设、合理流动，必将破解高端技能型专门人才短缺的瓶颈。

（一）以创新模式培养素质

素质培养环节，对于不同类型、不同层级的人才来讲，其内涵和要求有差异。对于高端技能型专门人才而言.则主要是指技能素质的培养。高端技能型专门人才的技能培养的核心问题是，如何在市场政府的"双调"之下，通过校企合作，创新培养模式。

国外高端技能型专门人才培养的成功模式（主要有以澳大利亚为代表的TAFE模式，以德国为代表的"双元制"模式，以英国为代表的BTEC模式，以及美国的社区学院模式和新加坡的"教学工厂"模式），在推动这些国家的经济起飞中发挥了重要作用。这些成功的培养模式不妨为我们所借鉴，但要植根于中国本土特别是各区域、各地的实际。

借鉴国外这些成功模式，我国探索建立了一些特色模式，对区域经济社会发展起到了很好的推动作用。本书基于一些高职院校的实践探索，集中阐释的五种模式——即高端技能型专门人才培养的"产业——专业"双链对接模式、"校区——产业园区"联动模式、"总部——基地"办学模式、"县校合作"模式以及"学校—行业组织"合作模式，就是在借鉴基础上的本土创新成果。

（二）形成科学的考核评价和岗位使用机制

在高端技能型专门人才的成长成才、使用过程当中，评价体系构建是一项基础性工作。

基于职业技能与工作业绩相结合、国家标准与岗位要求相结合、专业评价与岗位认可相结合的基本原则，要加快建立健全以职业能力为导向，以业绩和贡献为重点，注重职业道德和职业知识水平的高端技能型专门人才评价体系，其建设方向是实现社会化职业技能鉴定、企业自主评价、院校职业资格认定、专项职业能力证书鉴定和"以赛代评"的多元（评价主体）结合。与此同时，还要逐步建立职工凭技能和职业资格得到使用和提升、凭业绩贡献确定收入分配的使用待遇机制。

"三结合"的过程，就是一个不断瞄准岗位的使用和转换的动态过程，由此做到（岗位）使用中评价、评价中使用。

（三）强化保障机制建设

保障机制建设，重在"软""硬"并举。"软"性保障是指社会要营造重视高端技能型专门人才、爱惜高端技能型专门人才的环境氛围和良好风尚；"硬"性保障是指资金、经费的筹措和投入的保障。

"软"性保障机制建设，其核心是研究和解决高端技能型专门人才的价值认同和待遇认定问题。由于历史的原因和传统文化的影响，要根本解决这一问题是有很大难度的，但可以一步一步往前走。在此，舆论的宣传、"体面劳动"的认可、相应待遇的给定，是三大环节。

"硬"性保障机制建设，核心是研究和解决如何发挥政府投资"四两拨千斤"的作用一以政府性投资来撬动社会性投资，即要建立以政府投资为引导、企业投资和社会投资积极参与的多元化、多渠道的投入和建设机制。

在政府投资引导方面，要加大财政经费的投入力度并优化财政经费使用。一方面，要加大对高职院校的办学经费投入（要比照本科院校拨款标准，建立职业教育生均经费的国家标准，确保高职院校能获得持续、稳定、充足的办学经费）；另一方面，要建立财政经费对用人单位和个人的补贴机制（如对企业等用人单位接纳高职学生实习支付的报酬，可按税法规定予以税前扣除等）。在引入社会性投资方面，鼓励民间资本、社会资本、境外资本"各路资本"同台竞技（要通过鼓励社会组织建立高端技能型专门人才发展基金等方式，拓宽社会资金进入高端技能型专门人才培养培训的通道，为开展高端技能型专门人才的培养研修、技术攻关、创新交流、带徒传技等活动提供资金支持）。

（四）"五管齐下"实现合理流动

流动环节体现最典型的调配活动，核心是构建规范而有序流动的机制。

一是加强高端技能型专门人才的统计与需求预测，定期发布高端技能型专门人才需求预测报告和需求导向目录，以提供信息保障和咨询服务。二是按数量充足、门类齐全、专业配套、结构合理、素质优良的要求，建立健全高端技能型专门人才的储备机制，实现统筹管理。三是定期发布供求信息和工资指导价位信息，引导高端技能型专门人才合理流动。四是建立健全柔性流动和区域合作机制，鼓励高端技能型专门人才通过兼职、服务和技术攻关、项目引进等方式发挥作用。五是建立"绿色通道"，加大引进力度，形成吸引并留住高端技能型专门人才的长效机制。

第二章 高端型人才培养的"校区——产业园区"联动模式研究

第一节 "校区——产业园区"联动模式概述

一、研究背景及意义

我国产业园区发展已经持续了数十年，至今势头未减。从沿海到内地，从南方到北方，产业园区的建设与发展如火如荼。产业园区作为一种"政策特区"，在我国外向型加工工业的发展中扮演着重要的角色。

（一）产业园区建设已成为县域经济发展的重要推动力

经过改革开放30多年的发展，我国经济发展取得了巨大的成就，各类产业园区发展迅速，形成了一大批特色鲜明、优势明显的产业园区。目前，产业园区建设已成为县域经济发展的重要推动力。各省市确定以产业园区带动县域经济发展的方针后，县域产业园区呈现投入增加、经济增长加快、产业承接能力和产业集聚增强的新趋势。

县域产业园区企业以中小企业为主，同时，也存在自我发展能力弱、产业结构层次低等不足。由于受国际金融危机的影响，县域产业园区企业首当其冲，遭遇前所未有的困难。

随着经济发展方式转变、经济结构调整要求的不断紧迫，技术和市场的不断发展，地方特别是县域要促进经济社会发展，就必须实现产业转型升级，提升制造业能级。这引起了对高端技能型专门人才需求结构的变化和应用性技术革新的渴望。

（二）县域产业园区企业转型升级更需要高端技能型专门人才

企业的转型升级，人才是重要的支撑要素。但很多企业最缺乏的恰恰是人才，特别是县域产业园区的企业，人才匮乏现象尤为严重。一般高素质的人才都往大城市或政府部门流动。企业与政府在同一个地方设台招人，政府摊位前门庭若市，而企业摊位前却门可罗雀，形成强烈反差。人往高处走、水往低处流，人才往大城市集聚也是情理之中事，但这种结构性的人才失衡，却成了县域产业园区企业实现转型升级难以突破的瓶颈制约。

目前，企业最缺既有一定理论基础又有实际操作能力的高端技能型专门人才，而这些人才的培养当然离不开高职教育。高职教育与企业有着天然的联系，它产生于企业。职业教育其初期就是企业的一个组成部分，后来随着工业革命的到来，社会生产力的大发展，社会和企业需要大量掌握一定劳动技能的标准化劳动力，这就需要扩大教育规模、提高教学效率、扩充教学内容，从而催生了现代学校职业教育；而高职教育本质上只是职业教育的一种更高层次的实现形式。高职教育的实施主体有两个，一是学校，二是企业，二者缺一不可。离开了高等学校的职业教育和离开了企业的高职教育，都不是真正意义上的职业教育——或者离企业太远或者层次偏低，因而是不能适应当今经济社会发展要求的。

近年来，随着我国经济"转方式、调结构"的不断深入，高职教育面临着"内部转型""外部适应"等新的挑战和发展要求。"内部转型"主要指高职院校发展从规模扩张向内涵发展的转型，以提高人才培养质量，增强高职教育的竞争力；"外部适应"主要指地方经济发展和产业规划布局调整，对高职院校发展提出了新的要求和挑战。高职院校要在激烈的市场竞争环境中实现可持续发展，应坚持走转型发展、内涵发展、服务发展的路子，树立"开放办学""融入地方、服务地方"的理念，理顺内外部关系，激发群体动力，增强高职教育的竞争力和吸引力。

高职教育是直接为地方或行业经济发展服务的一种教育类型，其培养理念不同于普通高等教育，也不同于纯技能型人才培养的中职教育，它是一种融知识与技能为一体的职业教育，培养的人才既要能适应地方经济或行业经济发展对应用型人才的静态需求，又要能适应地方经济发展中产业结构、行业变化对应用型人才的动态需求。因此，高职教育是围绕地方（区域经济）或行业经济发展的需求，立足于地方经济，并以地方经济的发展为导向来培养企业所急需的高端技能型专门人才。

产业园区内集中了大量企业，这些企业具有产业关联性或者业务关联性，不同企业对人才规格具有共同的诉求，这为高职教育提供了得天独厚的教育教学环境。同时，园区企业对高端技能型专门人才的迫切需求，也进一步推进了"校区——产业园区"联动模式的形成。

二、"校区——产业园区"联动模式的界定

（一）高职院校的分类及特征

1.高职院校概念

高职院校，是高等职业院校的简称，是高等教育的重要类型，也是我国职业教育的重要组成部分，担负着培养面向生产、建设、服务、管理第一线需要的高技能、应用型专门人才的使命。在我国高职教育规模跨越式发展过程中，政府提出了高职教育人才培养模式适时转型的一系列指导思想，确立了高职教育要培养高端技能型专门人才的教学目标。

这一高职院校的人才培养目标，使高职教育既注重基础性理论知识的传授，又比以往更侧重于实践知识的要求，并强化学生的实际工作能力，为社会培养实用型人才，进而让高职院校与企业之间的联系更加紧密，扩大了人民群众接受高等教育的机会，推动了教育公平和区域统筹乃至整个社会的和谐发展。

"校区——产业园区"联动模式中的"校区"指的是高职院校校区，实际为高职院校。

2.分类

作为一种具有高等教育和职业教育双重属性的教育类型，高职院校的类别划分，鉴于本研究"校区——产业园区"联动模式分析的需要，面向产业和行业的专业人才培养方向，可以作为重要的基准。

参照教育部最新批准成立的51个行业职业教育教学指导委员会的分类方法，可以将高职院校的专业服务方向按行业分类，分为财政、电子商务、纺织服装、工业和信息化、环境保护、机械、建材、旅游、商业、文化艺术、物流、新闻出版、金融、广播影视、人力资源和社会保障等51个行业。其中：第一产业，A类2个；第二产业，B类3个、C类10个、D类1个、E类2个；第三产业，F类5个、G类1个、J类3个、L类10个、M类4个、N类1个、R类6个、S类3个。

以浙江省为例，浙江省高职高专教育各专业大类教指委所辖专业目录，共17大类307个专业（农林牧渔类14个、交通运输汽车类26个、生化与食品药品类17个、建设水利类27个、机械设计制造类11个、自动化类14个、计算机类13个、轻化类11个、纺织服装类10个、经济类20个、工商管理类11个、医学类15个、旅游类10个、文化教育传媒类48个、艺术设计类17个、表演艺术类9个、公安法律公共事业类34个）、布点数1514个。由此，可将浙江省41所高职院校，按其专业设置对应产业、行业情况，统计分析出高职Ⅰ型0家，高职Ⅱ型20家，高职Ⅲ型14家，高职Ⅳ型（通用型）7家。

这里特别说明的是，第一产业、第二产业和第三产业问题的分析，引用了"三

次产业分类法"。"三次产业分类法"是指：第一产业指以利用自然力为主，生产不必经过深度加工就可消费的产品或工业原料的部门；第二产业是指以对第一产业和本产业提供的产品（原料）进行加工的产业部门；第三产业则指不生产物质产品的行业。根据这种产业面向特点，依据教育部最新标准可以将高职院校分为四类，即面向第一产业的高职Ⅰ型、面向第二产业的高职Ⅱ型、面向第三产业的高职Ⅲ型，以及同时面向多个产业的高职Ⅳ型（通用型）。

（二）产业园区的分类及特征

1.产业园区概念

"产业园区"这一现象最早于19世纪末作为一种促进、规划和管理工业发展的手段在工业化国家出现。世界上最早出现的产业园区，主要有英国的Manchester工业中心和美国的Stanford工业园。

根据当前我国各地的产业园区设立和建设情况，结合联合国环境规划署的定义，对产业园区可做出这样的定义：一个国家或地区的政府通过行政或市场化等多种手段，划出一块区域，制定长期和短期发展规划和政策，建设和完善适于工业企业进驻和发展的各种环境，聚集大量企业或产业，使之成为产业集约化程度高、产业特色鲜明、集群优势明显、功能布局完整的现代化产业分工协作区和实施工业化的有效载体，包括各类高新技术产业开发区、经济技术开发区、工业园、特色工业小区、技术示范区、文化创意产业园区等。其中，经济技术开发区是我国最早在沿海开放城市设立的以发展知识密集型和技术密集型工业企业为主的特定区域。产业园区具有资源集聚功能、企业孵化功能、技术渗透功能、示范带动功能、外围辐射功能等，但不同类别的产业园区又各有侧重。

2.产业集群发展

产业园区的形成与产业集群的形成与发展直接相关，或者说，产业园区的形成和发展，是产业发展从集中阶段到集聚阶段再到集群阶段的结果。

（1）集中阶段

在集群发展的起始阶段，产业园区的政策环境要素和设施配套要素是吸引园外企业入驻的最大原因。在此阶段，园内企业因为地理上的集中而形成了有别于分散的单个企业的生产效率优势和成本优势，即基于资源共享的效率优势和基于议价能力提升的成本优势。但是，由于集中仅仅是整个集群过程的最初状态，初步地表现出集群的地理集中性特点，产业关联薄弱，不能形成相互配套的产业协作和产业链关系，产业层面的集群优势几乎为零；同时园区企业对地域的嵌入性和依附性不强。

因此，处于集中阶段的产业园区产业集群，已基本形成了园区经济总量上的规模，赋予了集群企业一定的竞争优势，但难以较好发挥集群的外部规模效应。

（2）集聚阶段

产业园区由集中到集聚的提升，是产业园区向集群方向发展的中间阶段。在这一提升过程中，园区企业依托的主要是区位优势、产业基础、市场规范和服务配套要素，这四者构成了园区企业向某一产业集聚的基本条件。由此，在具备了上述四大要素的企业集中的园区中，产业具备了明显的行业特征，产业园区的发展指向了特定的产业，从而形成集聚。

此时，产业园区的竞争优势逐步扩大，生产效率优势一方面表现为基于资源共享的效率提高，另一方面表现为专业分工引起的效率提升，产业园区内的产业协作增强，企业间的合作规模扩大，使得成本优势覆盖了生产成本和交易成本两大部分。

（3）现代集群阶段

现代集群是产业园区的发展方向，而现代集群形成的基本要件除了上述两阶段的要素外，还必须具备人文环境、集群特色、产业配套及创新企业家群体四大要素。真正意义上的产业集中，例如中关村、硅谷、新竹等，都具备了地理集中性、根植性、柔性精专、合作网络性、创新性、自组织性等特征，创新体系逐步形成，产业园区的发展进入新的层次。同时，产业园区也不再是集中于集聚状态下的"松脚型"的产业园区，而是嵌入本地社会文化中的园区集群。

（三）"校区——产业园区"联动模式的内涵及分类

1."校区——产业园区"联动模式的内涵

"校区——产业园区"联动模式，是指高职院校通过与产业园区及园区企业在人力、物质、信息资源等方面的整合，以及在理念、学习、研发等方面的互动等途径，共同培养具有创新精神与实践能力的高端技能型专门人才的教学活动总体结构及运行方式。这种模式通过目标、利益和资源的有效整合，着力构建一种追求一致、行动一致、相互渗透、整体发展的水乳交融的合作模式。将各自利益化为整体利益，将外部资源化为学校与园区内部资源。

2."校区——产业园区"联动模式分类

（1）紧密型联动

整个学校建在产业园区内，学校的建立、生存和服务紧密依托、依靠和面向某个产业园，两者是一荣俱荣、一损俱损，有良好的政策环境和体制机制做保障。实施这一联动模式的典型学校，有苏州工业园区职业技术学院、常州高职教育园区等。

（2）半紧密型联动

学校建在产业园区旁，为产业园区发展提供人才培养、科技服务等各类对接服务，其主要表现形式，是在产业园区或产业园区旁边设立对应的二级学院，建立一种"共建共享共管"的体制机制。实施这一联动模式的典型学校，有浙江工商职业技术学院（在宁海模具产业集聚区—中国（宁海）模具城旁，政校企共建宁海产学研基地）等。

（3）局部型联动

学校某个专业或部门代表学校，与产业园区内的全部或个别企业开展对接服务，利用一定的体制机制纽带进行联动，如开设订单班等。这种联动模式最多，实施这一联动模式的典型学校，有中山职业技术学院、四川职业技术学院等。

第二节　联动模式与高端技能型专门人才培养的对接

一、"校区——产业园区"联动模式对高端技能型专门人才培养的意义

（一）产业园区集群化发展的需要

产业园区是形成产业集群的主要载体，产业集群是产业园区发展的方向和内在需求。在区域竞争日趋激烈的今天，产业园区的持续发展有赖于产业集群的形成，产业集群是提高区域竞争力的重要途径。而产业园区集群化发展，离不开高端技能型专门人才的培养。随着产业园区的集群化发展，对人才的需求也由量态向质态转变，从而对高端技能型专门人才形成很大的需求量；以培养高端技能型专门人才为目的的高职教育，则通过"校区——产业园区"联动模式，以合作共建校内外实训基地、强化实践性教学和顶岗实习等环节、培养"双师型"教师等方式，开展高端技能型专门人才的培养，同时完善高端技能型专门人才的配置、评价与激励等体制机制，使工学结合、产学合作培养高端技能型专门人才落到实处。这正是高职院校坚持以市场为导向、以区域经济发展为支点，向园区建设不断注入新鲜血液，从而提高其人力资源整体素质的很好体现。

产业集群化对高职院校发展来说是考验也是挑战，这种考验和挑战就在于，高职院校怎样才能更有效落实"以服务为宗旨、以就业为导向"的高职教育指导思想。在产业集群化背景下，企业需要什么样的人才，怎样培养这样的人才，是当前高职院校需要认真研究与对待的重要问题。

产业园区集群化发展，对高端技能型专门人才需求表现出三大基本特征。一是技能精湛性要求高。任何一种流入社会的产品，都必须执行市场公认的标准，生产任何一种产品都必须严格按照相应的标准进行。在中国有"国家标准"，在西方有"欧洲标准"，在偌大的产品市场有"世界标准"、WTO规则保护等，并且科技进步、环保及安全要求的提高，也对从业者的劳动"精度"要求提高；同时现代消费者对产品性能的更高要求，也带来对从业者劳动工艺的更高期待。二是技能迁移性要求快。产业是依赖于人的，而且根本上是依赖于那些掌握技术的工人。产业结构发生了变化，相应产业的技术必然发生改变，这对操作人员必然有更高或全新的技能要求；而对从事生产一线操作的工人来说，只有学习掌握新技术、变通原有的技能结

构实现技能迁移，他们才不至于成为产业结构调整的淘汰对象。三是技能转换性要求广。技能作为一种比较稳定的并与效果直接联系着的操作方式，在生产操作中一般是按照相对固定的线路进行的，熟练以后，操作中的自动化程度将会大大提高。现代员工必须具备技能转换的能力，即经常不断地将技能实践与新领域、新操作结合起来，以适应新条件、新环境要求。这就是说，从转换的意义上看，"技能"，这一外部操作形态，要逐步朝着内部的品质性方向转换，与智力活动共同作用于生产操作，最终演变成为能力结构的一部分。

（二）高职教育适应区域经济发展的需要

目前高职教育人才培养模式建设，存在一些问题。一是专业设置与市场岗位需求脱节。高职院校在设置专业时，往往对社会经济的发展需求分析不够，不能根据岗位的需求状况及走向，与企业共同确定专业，致使"产销不对口"——有的专业毕业生过剩而有的急需人才又缺乏相应的专业来培养。二是课程体系与教学模式陈旧。以课堂、教师、书本为中心的传统教育仍占据相当的位置，没有突出以学生为本的教育理念。三是技能型和"双师型"教师缺乏。教师缺乏走进企业的机会，不能准确地了解企业对人才需求的具体状况。这造成高职院校"双师型"教师的数量不足。

随着高职教育的快速发展，高职教育与地方经济和社会发展联系越来越密切.从国家整体转向区域，从区域转向地方，又从地方转向产业园区，高职教育与经济的联系一步步紧密、深入和具体化。高职教育必须立足于区域经济、产业园区等，实现与经济社会发展的多元结合，形成整体优势和竞争力来助推其高端发展。产业园区所在的区域经济发展决定了产业园区发展的方向和水平，而产业园区的发展又可以带动整个区域经济结构的调整和升级。"校区——产业园区"联动模式下的高职教育要适应区域经济发展的需求。这表明，一方面，区域经济发展的这一模式决定了高职教育的质量和规模；另一方面，区域经济及其运行模式下的人才需求，也是高职教育发展的内在动力。高职教育要提高人才培养质量，培养高端技能型专门人才，就必须加快人才培养模式的改革和创新。

二、"校区——产业园区"联动模式下高端技能型专门人才培养的原则

（一）区域化原则

产业园区是区域经济发展的催化剂。"校区——产业园区"联动模式下的高端技能型专门人才培养，应该在充分调研区域经济产业结构、技术结构和生产规模的基础上，确定自己的布局、规模、专业设置，并根据园区对人才的特殊要求，及时调整专业结构、教学内容和培养模式，走区域化发展的道路，使高职教育培养出的高端技能型专门人才与园区经济社会发展相适应。这不仅可以实现职业教育直接为经济社会发展服务的目标，还能使高职教育形成自己的特色，解决自身生存和发展的

问题。

（二）市场化原则

由于高职教育要满足企业岗位对于高端技能型专门人才培养的需求，所以高职教育天生的应用性特征就与市场存在非常紧密的联系。高职教育必须坚持以市场为导向灵活设置专业，以市场为导向提供专业技能培训，以市场为导向开设学历性或非学历性课程，从而以市场为导向培养高端技能型专门人才。

（三）动态性原则

产业园区的发展是随着区域经济的发展而不断变化的。区域产业的升级和结构优化，会产生新的职业、岗位及新的技能要求，这就决定了其对人才需求的数量、质量、结构也是动态的。"校区——产业园区"联动模式下的高端技能型专门人才培养，必须根据实际的动态变化而适时调整人才培养方案、调整课程体系、加强实训基地建设等。

（四）前瞻性原则

"校区——产业园区"联动模式下的高端技能型专门人才培养，不仅要适应区域经济下产业园区的发展，还要指导和促进园区经济发展。因而必须秉持前瞻性原则。一定的前瞻性，能够在一定程度上把握区域经济发展的方向，预见区域经济未来发展所需要的技术和技能，适时增设新专业。由此可以在一定程度上抓住主动权，促进区域产业结构的优化和区域技术水平的提高，提高高职教育的办学效率，实现校区与产业园区的良性互动共生。

三、"校区——产业园区"联动存在的主要问题

高职教育与产业园区对接，一直是各级政府、教育理论研究者和实践工业者所关注的问题。而在实践过程中，"校区——产业园区"联动面临诸多困难和问题。一些地方的高职教育与产业园区的联动发展仍旧是"两张皮"，高职院校开设的专业与本地的企业关联度不高，产业园区企业用工与当地职业院校关联度也不高。一方面，企业存在招工难，缺少高端技能型专门人才；另一方面，一些院校与产业园区基本没有建立协作关系或尚未建立实质性的协作关系，从而专业设置、学生实习、就业等未能很好地面向区域经济发展。

（一）未能形成有利于高端技能型专门人才成长的区域文化氛围

长期以来，中国社会存在一种"重仕途轻工匠、重书本轻实践"的偏见。许多年轻人轻视专业技术，认为当技术人员收入少、社会地位低，技术人员的名称不再是一种荣耀，只是谋生的一种手段。人们普遍认为高职院校的学生比本科院校的学生素质低。由于这些思想观念普遍存在于中国人的心目中.以致人才评价错位而造成高端技能型专门人才的缺乏。

（二）政府对高端技能型专门人才的重视不够

长期以来，政府未能制定一套完备的高端技能型专门人才评价和激励机制，没有把高端技能型专门人才与一般的技术工人区别对待。这使得高端技能型专门人才的多元需求得不到满足，心理落差较大，缺少职业荣誉感。另外，政府在促进校区和产业园区合作方面也没有相关的制度和政策支持，致使合作过程无法可依、无章可循，造成合作的实际操作过程权责利模糊.从而制约了良性发展。

（三）高职院校和企业等培养主体认识缺位

一些高职院校在发展过程中定位滞后，办学体制和模式与区域经济存在不同程度的脱节，教育与经济呈现"两张皮"的现象。其主要表现为：一方面高职院校在专业设置方面落后于区域经济的发展，其理论知识、教学模式没有考虑到区域经济的特殊性，培养的人才与区域经济发展在结构、规模、内涵、质量上存在不匹配；另一方面，高职院校缺乏既具有相当理论知识又有丰富实践经验的"双师型"教师，很难培养出适应区域经济发展要求的高端技能型专门人才。另外，一些企业缺乏自主培养适应区域经济发展的高端技能型专门人才的意识，把职业培训当成一种负担。

（四）体制机制问题

长期以来，高职院校与产业园区、企业分属不同的系统，基本处于体制分割状态，而对体制"围墙"外的沟通与合作又重视不够。这造成了校企之间、校区——产业园区之间的相对隔绝和学校教学、科研与企业需求间的相互脱节。一些高职院校虽然成立了有企业参加的校企合作委员会、专业建设委员会等，但由于缺乏合理、有效的合作渠道和信息沟通，合作中双方往往不能履行各自的责任和义务.结果不欢而散、流于形式。

第三节 联动模式的机理和运行机制

一、"校区——产业园区"联动模式的机理

（一）基本特征

"校区——产业园区"联动模式，其基本特征在于政府（园区管委会）的全面统筹、协调，由此全面推进校区与园区企业集群间基于人力资源、环境、硬件及信息资源的共享，以及理念、学习、创新与研发等方面的实践互动，形成稳定且具体可操作的合作模式，最终实现培养社会和企业急需的高端技能型专门人才的目标。

学生知识和技能的获得，最有效的方式就是工学结合。工学结合的"内核"，就是理论与实践相结合，培养学生的综合技能，提高学生岗位竞争能力和社会变革适应能力。学生在实践过程中，凭借对理论的思考运用，激发创新思维的萌芽。"校区

——产业园区"联动模式不同于专业与单个企业点对点的合作模式，即通过政府的有效整合，避免了工学合作教学过程点对点合作的片面性，使高端技能型专门人才培养更加符合区域性、市场性、动态性与前瞻性的特点。"校区——产业园区"联动模式有利于打破传统理论教学与专业技能教学各自为营的局面，突破了传统教学的单向思维模式，发挥了"1+1>2"的整体效益，实现了合作教学、校企双赢的理论与实践创新。

"校区——产业园区"联动模式，是在园区管委会的全面统筹、协调下，建立合作组织、明确权责，保证合作顺利开展。

（二）资源优化问题

1.人力资源优化问题

"双师型"教师队伍的建设，是高职院校建设、发展的必要条件。"双师型"不是教师与技师或工程师的简单叠加，而是两者在知识、能力和态度等方面的有机融合。要使高职院校教师既具备扎实的基础理论知识和较高的教学水平，又具有较强的专业实践能力和丰富的实际工作经验，仅仅依赖单纯的培训手段是无法达到的，必须营造"双师型"成长的良好环境，才能促使教师向"双师型"的方向成长。

在"校区——产业园区"联动模式下，通过制度使企业生产和服务一线的高级技术人才通过兼职教师的形式融入教师队伍、专业教师定期到企业进行轮训等工作得以保障。"校区——产业园区"之间常规化的人才互动，是高职院校高素质"双师型"队伍成长的最佳途径。企业专家将行业最新的技术、工艺、产品及市场动向带入课堂，高职院校教师通过企业一线实践、锻炼后，将理论融入开发研究实际中，进一步推动了产学研的共同发展，最终使人力资源得到最佳整合。

2.环境与物质资源的整合问题

环境与物质资源的整合，是在"校区——产业园区"联动模式下，以共建的方式进行实践教学环境与硬件资源的整合。"环境"是指园区企业真实的生产环境。高职院校面向职业岗位培养学生，要求教学过程融"知识、技能、态度"于一体，在专业技术知识运用能力的基础上强调综合能力。

在"校区——产业园区"联动模式下，实行教育资源的有偿互享，可以为职业教育提供真实的职业环境。学校与园区共同针对不同的岗位特点，开发课程、编写教材，同时将教学过程融入园区企业生产过程，让学生身临其境地学习，并综合运用其专业知识解决现场突发性问题，从而提高其应变能力和实际操作技能，培养其良好的职业道德、团队意识和协作精神。

园区企业也可提供仪器、设备和技术支持，在校内建立"教学工厂""实验室"、研发中心等，将学校的科研理论优势与企业的资金优势、生产优势、管理实践优势相结合，提高学生的实践能力和科研能力。在这种模式下，学校与园区实践教学环境和硬件资源可以得到整合，双方在"互惠互利，优势互补，资源共享"的前提下能够共谋发展，以服务求支持，以贡献求发展，以高就业率带动高质量招生，以高质量招生为高质量教育教学打基础，以高质量教育教学促进高就业率并提高就业质量，从而形成招生、教学、就业的良性互动。

3.信息资源整合问题

对高职院校来说，信息资源整合可提高学校教学、科研、管理等方面工作的有效性。通过"校区——产业园区"联动模式，可以达到三个效果。一是园区为高职院校提供社会对人才的需求信息和决策咨询信息，学校根据园区提供的信息，适时调整专业结构、课程体系，制定人才培养方案，深化教学内容，培养社会急需的人才。二是高职院校通过园区企业所提供的在生产领域中存在的各类科学技术难题，不断调整科研方向，使科研更有针对性，以实现科研成果的快捷产业化。三是园区参与学校的管理工作，打破学校自我封闭的管理模式，把先进的管理理念、管理模式、管理文化等引入学校的管理中，使之面向社会，自觉调整其内部结构，改善管理机制，扩大办学职能，增强办学活力以及对社会经济发展的适应能力。

对于园区来说，高职院校为园区提供信息收集、整理、加工、传播、交流、运用等方面的服务。一是学校为园区提供毕业生就业信息、人才信息。二是学校接受园区委托，对国内某种资源供需的市场信息进行收集、整理、分析，帮助指导园区企业确定生产计划。三是针对园区重大建设项目、核心产业的发展模式等问题，从国内外视角，以多学科方法进行深层次的理论思考并提出有价值的对策或方案，对产品进行升级换代或开发科技含量高的产品等。这种技术信息对园区企业有很大的吸引力。不仅如此，学校的信息网络和图书馆也是园区重要的信息机构。总之，各种信息的传递对企业的发展有重要价值。

（三）合作互动问题

1.理念提升互动问题

意识形态决定行为领域的一切。园区企业与学校理念的提升互动，是"校区——产业园区"联动模式的思想保障。一方面，学校教师要根据社会经济发展对职业教育的需求变化及时更新观念。教师只有深入一线，学习掌握先进技术的发展动态及管理经验，不断更新自身的知识结构，才能不断提升自己对职业的理解与认知，才能在产教结合、科研成果推广等多方面取得突破性进展。

另一方面，企业只有通过产学研结合的效果体验，才能认识实际意义，进而推动高端技能型专门人才培养与员工培训的积极性，才能认识科研合作对企业发展的重要作用，进而与学校开展深层次的合作。更新理念、有效互动，使校企互惠互利。

2.学习互动问题

职业教育的成功与否与实训条件的充足程度密切相关，而高职院校通常只具备完成学生基本训练的条件与能力。要想让学生掌握熟练的生产能力并快速积累工作经验，其最佳方式就是让学生以工人的身份进入企业进行生产实习，从而实现教学与企业的零距离接轨。

企业资源是职业教育的天然宝库。学生在跟随师傅的生产过程中，进行熟能生巧、巧能升华的反复操作，能够使技巧转变为技能。让学生通过企业生产实习，了解企业的工作运行方式、生产管理方式、熟知产品的工艺流程、质量保证体系并自觉地接受企业文化的熏陶。这样，学生不仅掌握了技能，更重要的是还接受了先进的企业文化，适应了企业规章制度的管理约束，其社会适应能力会大大增强。

在"校区——产业园区"联动模式下，园区企业可借助高职院校的信息与技术服务，进行新产品的研制开发、新技术的引进、设备的技术改造，并将企业自身营造成"学习型企业"，提高市场竞争力；园区企业也可利用学校资源对职工进行继续教育，提升在岗员工的技能水平。同时，高职院校通过自身的活动，对园区环境也产生着潜移默化的影响，针对有些企业文化尚未形成或文化品位不高的问题，对企业文化协同培育，从而对企业文化的形成、规范与提升，起示范、影响和导向作用。

3.技术管理创新与研发互动问题

技术管理创新与研发互动，是"校区——产业园区"联动模式的生命力。高职院校将实验和设备条件、人才队伍等，与园区紧密对接，真正成为园区科技成果的辐射源，成为园区产品开发和技术创新的基地和依靠力量。在园区政府支持下，高职院校整合其人才、科技和知识优势，积极开展技术推广和科技咨询.与园区企业合作开展项目开发、技术攻关（以投入科研成果创办产业、进行专利转让等方式），以此帮助园区企业加快传统产业改造.加快科技成果产业化进程。

二、"校区——产业园区"联动模式的运行机制

（一）"校区——产业园区"联动模式人才培养模型

"校区——产业园区"联动模式的合作主体，主要包括高职院校、园区企业、政府，其中，高职院校和园区企业是该模式的两大基本主体。由于高职院校与园区企业分别是教育界和企业界两类相互独立的社会组织或法人实体，因而它们具有各自不同的利益诉求。

高职院校利益诉求具体包括：（1）基于企业对于高端技能型专门人才培养的支持和指导，以及企业由此提供的实训平台和锻炼机会，培养出结构合理的"双师型"教师队伍。（2）基于企业真实的职业环境及仪器、设备、技术、场地，培养高端技能型专门人才。（3）基于企业需求信息和动向，调整专业结构、课程体系，制定人才培养方案，深化教学内容，培养"适销对路"的高端技能型专门人才。园区企业的利益诉求表现在：（1）通过高职院校所培养的大批高端技能型专门人才，提高其

技术水平和品牌形象。(2)通过学生顶岗实习，解决部分劳动力需求短缺问题。(3)获得教师的研发（项目）支持。(4)利用学校的教育资源对员工进行培训。

目前，全国一些高职院校与企业开展的点对点的合作，带有很大的盲目性，效果不佳。在"校区——产业园区"联动模式下，高职院校、企业、园区管委会共同组建组织机构，通过园区政府的宏观指导和调控，提高了合作的广度与深度。

(二)"校区——产业园区"联动模式运行机制

高职院校、企业、园区管委会共同组建组织机构，并制定职责规范，确保"校区——产业园区"联动模式的有效运行。组织机构把人、财、物按一定的形式和结构，有秩序地组合起来，以实现共同的目标、任务或利益。组织机构包括决策机构、咨询机构、执行机构和监督机构。在"校区——产业园区"联动模式下，除了具体执行机构的职能作用被强调外，决策机构、咨询机构和监督机构的职能作用得以被特别强调。不同层面的专门组织机构，加强了政府、高职院校、行业企业和市场的全方位参与。

1.决策机构

政府强有力的决策支撑，弥补了高职院校与行业企业自发合作的不足，促使高职院校与行业企业两个不同领域的活动结合起来。

该机构的主要职责规范包括：(1)统筹校企合作的总体规划，引导校企双方签订合作协议，规定双方的权利、义务与仲裁办法；(2)制定推动校企合作的系列政策、法规和制度；(3)积极宣传造势，为校企合作营造良好的社会氛围。

2.咨询机构

自发性的校企合作实践证明，仅依靠自身的经验而缺乏全面科学指导，会使校企合作走很多弯路，从而增加合作成本。咨询机构的设立，正是为了弥补校企合作的不足。

咨询机构一般由职业教育专家、行业专家、高职院校领导和企业领导等成员组成。其主要职责规范包括：(1)组织相关专家展开调研，为政府提供有关职业教育校企合作的决策咨询；(2)成立各种专业协会，定期召开各种交流会，向高职院校和行业企业提供校企合作办学经验，并为它们的具体执行提供参谋；(3)建立校企合作信息网络，及时向市场反馈信息，便于高职院校适时调整专业设置、学科结构和人才培养规格。

3.执行机构

构建"校区——产业园区"联动模式，其"落地"靠的还是具体执行。执行机构成员主要由高职院校与行业企业两大合作主体组成。其主要职责规范包括：(1)遵守决策机构的有关规定，执行相关决议；(2)听取咨询机构的有关建议，改善并提升合作实效；(3)协商签订合作契约，制定具体的人才培养方案并组织实施；(4)

向监督机构提供透明信息，接受其公开监督。

4.监督机构

监督机构成员包括高职院校代表、行业企业代表、政府官员代表和社会成员（学生或学生家长）代表等。监督机构的设立保证了"校区——产业园区"联动模式的有效运行。其主要职责规范包括：（1）监督校企合作具体执行的全过程；（2）评定校企合作人才培养的实际绩效；（3）向决策机构、咨询机构、执行机构及时反馈监督和评定的结果信息。

总的来说，四大机构围绕高端技能型专门人才培养这一共同目标，共同参与、积极互动，发挥职能作用，履行各自职责，成为"校区——产业园区"联动模式成功运行的外部保障、技术支持、驱动因子和重要保证。

第三章 高端人才培养"产业——专业"双链对接模式研究

第一节 产业链和专业链

一、产业与产业链

（一）产业和产业链的内涵

产业是具有同类属性产品或服务经济活动的总称，是同类经济活动横向的集合概念；如果以企业为单位，产业是指从事这种经济活动所有企业（或事业）单位的总和。

产业链是针对一系列相关联的特定产品或服务，寻找导致这些产品从资源采集到产品制造、从市场营销到最终消费，前后关联有序的经济活动的集合。因此，产业链是一个以企业（或行业）为单位纵向的关联集合。产业链的核心，是以生产相同或相近产品的企业集合所在产业为单位形成的价值链。这就是说，产业链是指承担着不同的价值创造职能的相互联系的产业，围绕核心产业，通过对信息流、物流、资金流的控制，在采购原材料、制成中间产品以及最终产品、通过销售网络把产品送到消费者手中的过程中，形成的由供应商、制造商、分销商、零售商、最终用户构成的一个功能链结构模式。产业链将相关产业联系在一起，表现的是不同业态之间的关系。一般来讲，产业链始于自然资源而止于消费市场，但起点和终点并非固定不变。

全面、深入了解产业链的概念，还应注意以下几点：

第一，从形态结构上看，产业链代表着一种跨产业（或企业）有序化的组织结构。产业链关心跨产业各系统的有序化过程以及上下游企业之间的关系。产业链可能发生在一个产业内部各行业之间（如煤炭工业产业链等）.也可能是包含不同产业成分的结构体以一定的关联体形态表现出来，常常表现为企业集团的多元化整合或企业群的长期战略合作体。

第二，产业链是一个相对宏观的概念。产业链跨越已成形产业或相对独立成形的产业单元，是一个有着相互关联的产业综合体。从更深层次上讲，产业链是以供需关系整合的供应链结构体，或以价值整合驱动的价值链结构体。如在汽车、信息和航空工业中，一些复杂的产品往往要由几个关键性的企业生产组装.通过企业间的生产联系可以促进整个"条链"的发展。

第三，在产业链中，作为核心企业不一定就是最终产品的装配制造商。这就是讲，领导和左右产业链的可能是关键模块，如计算机行业的中央处理器（CPU）和操作系统，还可能是处于下游的零售商，如服装行业。通过产业链及其结构的分析，可以发现产业链上的薄弱环节，找到有效管理和改善的切入点，消除阻碍整个产业系统发展的瓶颈，以修正和强化整个链条出现所期望的改变。

（二）产业链的类型

由于产业多种多样，产业链的延伸亦可长可短，因而对于产业链类型的划分尚未统一。由于产业链的研究多以工业生产为主，在研究范式上多与产业集群密切相关——往往是根据生产要素的聚集性来进行划分，因而产业链大致有如下五种类型：

一是以某种关键资源的开发和综合应用为聚集要素形成的产业链，如煤炭工业产业链、石油工业产业链、钢铁工业产业链等。这类产业链多以关键资源及相关产业为轴心，由资源开发采、产品加工、成品生产等环节组成。

二是以某项关键技术为轴心并聚集相关产业形成的产业链，如航天工业产业链、计算机产业链、信息技术产业链等，多形成于掌握该项关键技术的科技中心；如美国的硅谷、北京的中关村等，被称为高新技术产业链——常被称为高新技术产业集群。

三是以产品的生产和服务提供过程为主要素形成的产业链，如电视机产业链、发电设备产业链、旅游产业链等。在该类产业链的形成过程中，产品的生产和服务具有十分重要的地位和关键作用。

四是以产品和服务的市场为主要素形成的产业链，如服装工业产业链、食品工业产业链、建材工业产业链等。这类产业链是以各种各样的大型专业市场为核心，其生产利润和价值主要为市场聚集地所得。

五是按龙头企业分类，围绕某一龙头企业的生产与经营，为其提供配套的上下游企业构成的产业链，如一汽产业链、大众（汽车）产业链、海尔产业链等。

上述五种类型的划分是相对的，同一产业链可能会有不同的归属。第三种类型与第四种类型较为相似，其区别是偏向生产过程还是偏向消费过程。

二、专业与专业链

（一）专业的内涵

专业有广义、狭义和特指三种解释。广义的专业，是指某种职业不同于其他职业的一些特定的劳动特点。狭义的专业，主要指某些特定的社会职业。这些职业的从业人员从事的是比较高级、复杂、专门化程度较高的脑力劳动或体力劳动。通常人们所理解的专业，大多就是指这类特定的职业。所谓特指的专业，是指高校或中等专业学校根据社会分工需要而划分的学业门类。这也是本章所论及专业的内涵。

1.高校或中等专业学校的专业源于职业

这里关键是对于"职业"的解读。就其本身内涵来看，职业首先是指工作，是由于社会化大生产发展而产生的专业化和社会分工不同而形成的不同种类和性质的工作（岗位）；更进一步看，职业更是一种事业，体现了一种精神追求——职业发展的过程也是个人价值不断实现的过程。

从社会学的角度来看，职业是社会分工体系中的一种社会位置，是已经成为模式并与专门工作相关的人群关系和社会关系；职业同权力和利益紧密相连，是国家确定和认可的。从经济学的角度来看，职业是社会分工体系中劳动者所获得的一种劳动角色，因而职业具有社会性、连续性、稳定性和经济性。

2."精英教育"阶段和大众化教育阶段下的高校专业

"精英教育"阶段的高校专业，是社会分工、学科知识和教育结构三位一体的组织形态。其中，社会分工是专业存在的基础，学科知识是专业的内核，教育结构是专业的表现形式。三者缺一不可，共同构成高校人才培养的基本单位。

与"精英教育"对应的是大众化高等教育。根据美国学者马丁　特罗（Martin Trow）设定的标准，我国已经进入高等教育大众化阶段。大众化教育阶段的高校专业，仍然是高校教学的基本单元，同时也是高校与社会接轨的"接口"。从大学的角度来看，专业是为社会承担人才培养的职能而设置的；从社会的角度来看，专业是为满足从事某类或某种社会职业必须接受的训练需要而设置的——主要强调的是为社会培养所需要的人才从而实现受教育者就业的愿望。

因此，大众化条件下的高校专业可以定义为：根据社会职业分工需要，确定人才培养规格，通过整合学科资源和社会实践可利用的资源，分类分层进行高深知识和专门知识、专门工作经验、技术技巧以及行业道德规范等教、学、研、训等活动的基本单位。

根据以上分析，高等教育大众化条件下的高校专业概念，其蕴含的高等教育思想是：第一，整体上不单纯以学科知识教育为核心，而是以知识与技能教育并重为双核心；第二，高等教育是分类教育，同时在分为两类知识（学科知识型与职业技能型）的基础上，高等教育又是分层教育；第三，这一分类的本质要求是，"精英教育"层面仍以学科教学为主体，普通本科教育层面的应用学科以知识与技能教学并重为双主体，高职教育以技术技能教学为主体；第四，这三类教育特别是后两类教育，都必须重视职业导向，尽量满足受教者未来就职的需要，强化教、学、研、训四位一体的知识运用和技能训练。

（二）专业链的内涵与类型

从现有文献来看，专业链并不是一个使用广泛的概念。目前仅有少数研究者对于什么是专业链进行了比较简单的界定，如董晓玲认为："若干专业在人才培养目标等方面存在着前向关联和后向关联，并在人才培养实施过程中，前后关联的专业存在着资源共享和相互激励，产生共生效应，由此而形成一条专业链"；刘晓君借鉴产业链的概述，提出了本科专业链群的概念：即紧扣某一产业脉搏、依托学科优势创建的品牌专业为核心专业，由若干与该产业链相关专业共同形成的专业集合。

从根本上来说，高校的专业依托产业而设置并服务于产业，因而专业链也依托产业链而存在并服务于产业链。

高校培养专门人才的特定性，是由社会具体行业的人才需要所决定的.而承载和实施人才培养的基础，就是高校分门别类地专业。产业和专业，如泛泛地从社会角度看，两者似有联系而又非必然有联系：有联系是因为"业"者为共生之根，其共性有相通之源；非必然联系是因为"二业"各有所指，界属另类，自成系统。链是用金属环节连套而成的索子。从这一点来看，专业链就是以某种内在逻辑连套而成的一系列专业。可见，界定专业链的关键，在于找到这种将一系列专业"链接"起来的内在逻辑。如前所述，高校或中等专业学校的专业源于职业，而职业存在于产业。

由此，专业链可以定义为：根据产业集群发展的要求，依托高校或中等专业学校学科专业优势所构建的，以提高人才培养质量为目标，以品牌专业为核心，以相关专业为延伸，以具有内在联系的精品共享课程群为纽带，所形成的若干专业的集合体。

专业链有两种类型。一种是跨产业的专业链。这是基于产业链而构建的专业链，一般由设计类专业、生产制造类专业、销售和售后服务类专业等构成。另一种是跨方向的专业链。这是基于同一个专业内部的不同培养方向构建的专业链。如在模具设计与制造专业内部，可以设立模具设计方向、模具生产管理方向和模具商务方向等，这些方向形成模具设计与制造专业链，并对应于模具产业链。

一所高校或中等专业学校具体构建哪种类型的专业链，要视其已有专业设置和教学资源禀赋情况而定。

以下的分析，我们以从事高职教育的高职院校的专业和专业链建设为范例，进行说明。事实上.以职业性教育为重、以高端技能型专门人才培养为己任的高职教育（高职院校），其专业和专业链建设的研究和实践，更具有典型意义。

第二节　高端技能型专门人才培养"产业——专业"双链对接模式机理

一、基于高端技能型专门人才培养的专业链与产业链的相互制约关系

（一）高职教育的专业设置受区域产业结构的制约

高职院校的专业建设是高端技能型专门人才培养的基础。在人力资源市场上，这类人才的需求与区域的产业发展有密切的联系，即区域经济的产业结构，直接影响地方人力资源的供求结构。产业结构的调整，必然会对劳动者的素质提出新的要求，尤其是那些高新技术产业对劳动者的素质要求更高；产业结构调整优化后的大多数工作岗位，其技术含量和所要求的智能水平都比较高。这些变化，对培养高端技能型专门人才的高职教育提出了新的要求，从而引导着高职院校的专业调整方向。

以浙江省海洋产业相关的涉海专业建设为例。虽然浙江省是一个海洋资源大省，但是受产业发展结构的影响，浙江与山东、上海、广东等同样是海洋经济大省（市）相比，涉海（海洋）高等教育发展水平仍有较大的差距。

（二）高职教育的专业结构调整影响区域产业结构的演进

产业结构是衡量一个地区现代化水平的重要指标。产业结构的变化会对经济社会产生两大冲击，一是影响就业，二是影响所得分配。在影响就业方面，产业结构的变化，会促使劳动力在不同的产业部门出现新的配置，即劳动力从衰退的产业流向繁荣发展或新兴的产业。

而高职院校作为区域高端技能型专门人才培养的重要集聚地，会通过优化专业设置，来引导区域产业结构由劳动密集型产业向技术密集型产业演进，由制造初级产品的粗放型产业向制造中间产品、最终产品的集约型产业演进。这是基于高职院校为区域经济和产业发展提供优质服务的根本要求。

二、高端技能型专门人才培养"产业——专业"双链对接模式的基本内涵

基于高端技能型专门人才培养的专业链与产业链的对接，其宗旨是高职教育的专业建设要服务于区域产业发展，从而实现高职院校办学和区域经济发展的双赢。为实现这一宗旨，双链对接要达到以下五点要求。

（一）结构匹配

结构匹配，是指高职院校的专业设置，应与区域经济和产业发展的结构相适应，从而使得高端技能型专门培养人才的专业结构，与企业用人需求的专业结构相适应。就与高端技能型专门人才培养的专业结构的关系而言，这里的产业结构可以从两个层面来解读。

第一，关于三次产业的结构。根据国家统计局颁布的《国民经济行业分类》，我国的产业被划分为门类（即通常所说的第一产业、第二产业、第三产业）、大类、中类和小类。三次产业的具体划分分别是：第一产业为农、林、牧、渔业；第二产业为采矿业，制造业，电力、燃气及水的生产和供应业，建筑业；第三产业为交通运输、仓储和邮政业，信息传输、计算机服务和软件业，批发和零售业，住宿和餐饮业，金融业，房地产业，租赁和商务服务业，科学研究、技术服务和地质勘查业，水利、环境和公共设施管理业，居民服务和其他服务业，教育，卫生、社会保障和社会福利业，文化、体育和娱乐业，公共管理和社会组织，国际组织等。

第二，关于产业内部的结构。这是指每个产业门类、大类、中类或小类的内部结构.如第一产业农、林、牧、渔业（门类），分为农业、林业、畜牧业、渔业和农、林、牧、渔服务业等五个中类；制造业中的家具制造业（大类），又分为木质家具制造，竹、藤家具制造，金属家具制造，塑料家具制造和其他家具制造等六个小类。就某一个小类产业来说，如文具制造，也存在着研发与设计环节、生产与制造环节、营销与服务环节等内部结构。

从区域经济和产业发展的角度来看，结构匹配的要求是，高职院校的专业设置与区域三次产业结构以及产业内部的结构要大致匹配。

（二）定位准确

从人才分类的角度来看，一般可以将人才分为学术型人才、工程型人才、技术型人才和技能型人才等四类；显然，高端技能型专门人才属于技术型和技能型人才（技术技能型人才）的范畴。对于企业来说，尽管其对高端技能型专门人才需求各不相同，但其核心诉求是相同的，即要求其具备较强的技术技能应用能力，也就是要求学生能应用所学技术技能解决生产实际问题。此外，从职业能力的完整性来看，良好的方法能力（主要是学习能力和工作能力）和社会能力（主要是共处能力和合作能力），也是高端技能型专门人才的必备能力。

因此.高职院校培养高端技能型人才，首先要考虑企业的需求，但这并不是高职院校设定高端技能型人才培养目标的全部内涵——高职院校必须在培养对象的全面发展和企业需求之间找到合理的平衡点。对于这个问题，我国高职教育界的认识有一个逐步发展和深化的过程。教高 C2000J2 号文《关于加强高职高专教育人才培养工作的意见》，提出高职教育的人才培养目标，是"培养拥护党的基本路线，适应生产、建设、管理、服务第一线需要的，德、智、体、美等方面全面发展的高等技术应用性专门人才"；教高〔20042〕1号文《关于以就业为导向深化高等职业教育改革的若干意见》，提出要"培养面向生产、建设、管理、服务第一线需要'下得去、留得住、用得上，实践能力强、具有良好职业道德的高端技能型专门人才"；教高〔2006116号文《关于全面提高高等职业教育教学质量的若干意见》，再次明确了高职教育的人才培养目标，是"培养面向生产、建设、服务和管理第一线需要的高端技能型专门人才"。目前，这一定位已经得到了广泛的认可和执行。

此外，我国高职教育从诞生开始，其人才培养目标便纠结于如何明确其与普通本科教育和中职教育之间的区别一厘清其间的区别非常有利于准确把握高职教育的人才培养目标定位。高职教育与现有普通本科教育的最大区别，应在于高职教育明确的职业价值取向和职业特征；而高职教育与中职教育的最大区别，应是高职教育的高等教育属性。因此，高职教育在人才培养的具体目标上，应该满足以下三方面要求：第一，满足职业岗位（群）的技术能力（技能）与职业素质的需要，应成为培养学生就业谋生能力首要目标；第二，达到合格的高等教育属性的要求，应是使学生具备一生职业发展与迁移所必需的相对完整的某一专业技术领域的知识、能力与素质结构；第三，满足合格的高等教育属性要求，还应尽可能在人文素质、思维方法及终身学习能力等方面，为学生成就其人生的事业打好一定的基础。

（三）校企合作

高职院校培养高端技能型专门人才，离不开企业的参与；校企合作办学模式，是我国高职教育研究者和实践者，在甄别、借鉴、引进和消化国外职教模式的基础上，经过研究和实践的探索而总结出来的行之有效的模式。

根据陈解放的界定，校企合作是指在办学模式层面学校与企业的携手共建，其重点在于办学体制的创新。校企合作的要点有四：一是办学理念的更新，强调学校"以他方为中心"的办学行为，以及争取企业对办学过程的积极参与。二是组织结构的设计，即校企之间联系纽带的建立和校内组织结构的开放性构成，校企双方你中有我、我中有你（如校企双方管理人员的相互聘任和兼职等）。三是校企资源的共享。学校按照企业需求，开展企业员工的职业培训，与企业合作开展应用研究和技术开发；同时，企业参与学校的改革与发展；校企共同制定学校的管理和教学制度。四是以企业需求为依据的开放式运作。如将企业标准引入学校的教学而开展的开放式运作；如校企双方不仅建立由双方领导、专家组成的董事会、专业教学指导委员会等组织，还要有由第一线操作人员组成的学生实践、课程改革、技术革新等运作层面的合作小组。如此，运作制度规范，有聘任、有待遇、有项目、有任务、有考核、有例会、有记录、有效果，校企合作的思想和理念，就转化为行为规范和具体操作，从而使校企合作办学模式的改革落在实处。

（四）工学结合

陈解放指出，工学结合指的是人才培养层面的学习与工作的相互结合与渗透，即学习中有工作，工作中有学习，如英国的"三明治"、美国的"合作教育"，以及世界合作教育协会提倡的"与工作相结合的学习"等。从本质上来讲，工学结合是一种人才培养的模式，是校企合作办学模式落实到人才培养层面的具体体现。这一人才培养模式，较好地解决了高端技能型专门人才培养过程中学校与企业的协调培养问题：这一模式既能向学生传授相关理论知识，也能有效培养学生的实践技能，因而是世界各国培养技术技能型人才的主流模式。所不同的是，在不同的国家，工和学所占的比重有所不同。例如在德国、英国等国，其工的比重大约是70%（学徒工一周约3.5天在企业，1.5天在学校）；而从我国实践来看，学的比重要远远高于工的比重。因此，在我国高端技能型专门人才培养过程中，强调工学结合，其更重要的意义在于为学生创造更好、更规范的企业学习和实践机会。

考虑到我国高端技能型专门人才培养的实际，工学结合人才培养模式，不仅是指学生的学习要与工作相结合，还包括高职院校的专业建设和课程建设的改革。就当前情况来看，高职学生的学习与工作相结合，其主要形式是顶岗实习，高职院校专业建设和课程建设中的工学结合，其主要体现在"与学习相关的要素"和"与工作相关的要素"两者的结合（所谓"要素"，是指与"学"和"工"相关的各种资源和活动，如校企双方的人员、场地、信息和标准等，就学校而言，其主要包括师资、实训基地、课程建设与质量管理等）。

（五）"双证"融通

"双证"融通，是指高职院校培养的高端技能型专门人才，在毕业时同时获得毕业证书和职业资格证书。前者证明其达到了学校的毕业要求，后者证明其专业技术技能水平达到相关岗位的就业要求。可以说，"双证"融通是以上所述的结构匹配、定位准确、校企合作和工学结合的自然结果。当然，从操作层面来看，实现"双证"融通，还有赖于课程体系与教学内容层面的课程与岗位对接（简称"课岗"对接）和课程与职业资格证书对接（简称"课证"对接），即课程教学内容对于岗位工作知识和职业资格考证知识的对接。

由于历史的原因，我国高职教育课程主要脱胎于本科课程，其发展之初就"沦为""压缩饼干式"的学科课程；后虽然又强调了实践教学，从而进一步压缩了学科知识、增加了实践知识比重，但从本质上来讲，高职教育早期的课程建设（改革），还是以学科课程为导向的。

国内高职教育开始了打破学科导向课程、构建工作过程导向课程的艰难改革，逐步形成了两条主线，即以姜大源教授等为代表的工作过程系统化课程改革和以徐国庆教授等为代表的项目课程改革。仅从课程内容而言，改革后的高职教育课程，在强调对原有学科知识进行甄别和重组的基础上，均不同程度地融入了岗位工作知识和职业资格考证知识，基本上实现了"课岗"对接和"课证"对接。但问题在于，目前高职教育课程改革还没有达到全面铺开的程度，相当一部分课程的教学内容还停留在原地；并且改革后的课程能否真正落实到课堂教学，还存在着较大的疑问。这两方面的问题，会从很大程度上制约"双证"融通目标的实现。

三、高端技能型专门人才培养"产业——专业"双链对接的主要模式

（一）沿产业链的纵向设置——延伸式模式

产业链是按照产业部门之间的技术和生产关联所形成的逻辑关系设置的，各环节按照产业链要素的相关性设置并呈连续状态。高职教育的专业设置，沿产业链纵向设置的基本原理，是专业与产业链环的对应性。其对应关系可以是一个链环对应一个专业，也可以是几个链环对应一个专业。

这里应当注意一个问题。一方面，随着产业分工的细化，产业链中的环节会不断增多，加之科技进步会使各环节的技术含量不断提升，这使专业设置由覆盖面宽变为针对性强，专业定位和培养目标也将随之调整。另一方面，产业链的延伸将导致传统专业的改造和提升，新专业会不断涌现。

（二）以产业链为基础而根据产业要素的变化设置——转换式模式

在现代产业链中，各产业要素随同技术进步将不断变化，新能源、新材料、新技术、新工艺的出现使产业链不断提升，从而使高职教育专业的内涵不断发生变化。如近年来，天津市在传统产业改造升级中，突出发展与绿色、低碳、环保和新能源相关联的产业，这种产业要素的改变导致新专业的产生和老专业的重组。

（三）以产业链环为基础的横向设置——复合式模式

现代产业链中的材料、技术和知识具有复合性，已经不再表现为单纯的生产加工过程，现代服务业的加入，使这一趋势更加明显。这一方面使产业链加粗，抗风险能力增强，另一方面也改变了传统服务业的性质，使其在融入产业链后不断提升，向现代服务业发展。

融入产业链的现代服务业，将改变传统服务链上高职教育专业设置的定位和培养目标。如物流管理专业的"现代物流"概念，将由简单的第三方物流向供应链下的一体化物流改变，并和电子商务专业实施重组；现代会计、现代服务贸易类专业，也将向集成化、网络化、一体化、虚拟化方向发展，从而推动传统服务业专业的改造和提升。

（四）按产业链技术与产品生产过程的关联性设置——群组式模式

现代产业链运行的基本载体是产品。产品的技术和生产过程的关联使产业链环环相接。随着分工的细化，产业链不断拉长，链环增多，从而带动高职教育专业链

（专业群）的建设。

高职院校应根据产业链环的变化及对高端技能型专门人才培养的需求，明确专业群众服务的职业岗位群，渐进衍生和开发周边专业，实现专业链（专业群）的整体发展。

第三节　高端人才培养"产业——专业"双链对接模式建设的对策

一、高端技能型专门人才培养"产业——专业"双链对接模式建设的现状

高职院校专业设置的根本依据，是区域经济和产业发展状态。因此，研究xx高端技能型专门人才培养"产业—专业"双链对接模式建设的现状，要从xx的产业发展概况讲起。

（一）xx市产业发展概况

"十一五"期间，xx经济和产业结构调整成效明显，具有xx特色的临港产业体系基本形成，现代服务业加快发展，三大产业结构从2010年的4.2：55.6：40.2，调整为2012年年末的4.1：53.9：42.0。"十二五"期间，xx坚持把推进产业升级作为加快转变经济发展方式的重大任务，促进产业化、信息化、城市化融合发展，在推进产业集中、促进产业集聚、打造产业集群以及延伸产业链、提升价值链、完善供应链中，着力构建现代产业体系，显著提高产业核心竞争力。这一政策举措的主要内容表现为以下几个方面：

第一，积极发展现代农业。重点是优化农业空间布局，增强粮食保障能力，发展生态农业和健全农业社会化服务体系。

第二，大力推进工业转型升级。一是择优发展临港工业，将重点发展石化、钢铁、造船、汽车和造纸等五大重点临港产业，努力打造国内一流、国际先进的临港先进制造业基地；二是改造提升传统产业，全力打造纺织服装、家用电器、电子电器、电工电器、装备制造、精密仪器、生物制药、模具、文体设备、汽车零配件等十大特色优势产业集群。

第三，加快发展现代服务业。加快发展国际贸易、现代物流、金融保险、科技信息、现代会展、文化创意、中介服务、现代商贸、休闲旅游、社区服务等十大重点行业，打造20个左右的现代服务业产业基地。

第四，培育发展战略性新兴产业。大力发展新装备、新能源、新材料、新一代电子信息等四大主导型战略性新兴产业，积极培育海洋高技术、节能环保、生命健康和创意设计等四大先导型战略性新兴产业。

（二）xx高职院校专业设置概况

根据教育部颁布的《普通高等学校高职高专教育指导性专业目录（试行）》，xx市6所高职高专学校（含高等专科学校，后统一称为"高职院校"）目前设置的专业，涉及14个专业大类、37个二级专业类和113种专业，专业布点数共为169个，在校生5.51万人，每个专业平均在校生规模近330人（其中共计招生1.67万人），每年专业平均招生规模约为100人。

按专业大类来看，6所高职院校主要以财经大类、电子信息大类、制造大类、医药卫生大类为主。这四大类专业布点数分别为36个、21个、19个和17个，分别占全市高职专业布点总数的21.3%、12.4%、11.2%、10.1%，合计占全市高职专业布点总数的55%。

从招生来看，专业招生数排在前三位的专业大类，分别是财经大类、医药卫生大类、制造大类，分别占当年招生总数的24.6%、15.1%、9.8%。单个专业招生数超过300人的有14种专业，招生量占总招生人数的40.2%，例如排名前两位的护理专业和应用英语专业，分别招生1026人和677人。

从专业的级别来看，6所高职院校目前有各级各类重点专业99个，其中国家重点专业（含教育部教学改革试点专业、国家示范校重点建设专业、教育部专业服务产业能力提升项目专业等）21个，省级重点专业（省重点专业、省示范校重点建设专业、省特色专业、省优势专业）43个，市级重点专业（市重点专业、市特色专业、市品牌专业）35个，涉及制造、财经、医药卫生、电子信息、土建、生化与药品、轻纺食品、旅游、文化教育、艺术设计、农林等11个专业大类。

二、高端技能型人才培养"产业——专业"双链对接模式建设的主要问题

从当前xx高端技能型专门人才培养"产业—专业"双链对接的情况来看，总体上存在两方面的问题：一是结构不相匹配，即高端技能型专门人才培养的专业设置，与xx经济和产业结构不相匹配；二是人才培养的联动性不够，即在高端技能型专门人才培养的过程中，专业与产业的联动不够紧密、不够全面、不够深入。前一问题导致高职毕业生的专业结构，与xx经济和产业发展对高端技能型专门人才需求的专业结构不相匹配，后一问题导致高端技能型专门人才培养的结果，与企业的用人需求出现偏差，以致不能较好地满足企业的需求。

（一）高端技能型专门人才培养的专业与产业结构不相匹配

1.总体结构不匹配

xx市6所高职院校共设有169个专业，其中"一产"类专业3个、占全部专业数的比重为1.8%，"二产"类专业53个、占全部专业数的比重为31.4%，"三产"类专业113个、占全部专业数的比重为66.8%。而根据xx市统计局的数据，当年xx市三

次产业产值比重分别为4.1%、53.9%和42.0%。显然，与现行产业结构相比，xx市6所高职院校的"三产"类专业布点数相对过剩、"二产"类专业布点数相对短缺、"一产"类专业布点数略显不足。高端技能型专门人才培养的专业结构，与产业结构不匹配的现象较为明显。

2.部分专业尤其是"三产"类专业重复设置现象较为严重

xx市6所高职院校的现有专业设置，有应用英语、会计、市场营销、物流管理、投资与理财、电子商务、应用日语、计算机应用技术、应用电子技术、机电一体化技术、模具设计与制造、计算机网络技术、建筑工程技术、建筑装饰工程技术、数控技术、计算机信息管理、动漫设计与制作等17个专业，分别有3个以上的布点数，招生数为5882人，占当年招生总数的比重为35%。

此外，在各高职院校主干发展专业中，电子商务、工商企业管理等18个主干专业，均有2个以上布点。专业设置重复、招生数量大，固然有市场需求大的因素，但也反映出这些专业的建设存在资源浪费和恶性竞争的情形；尤其是考虑到当前"三产"类专业设置数，大大超出"二产"类专业设置数的实际情况，这17个专业中的"三产"类专业（如应用英语、会计、市场营销等），专业资源浪费和恶性竞争的可能性更大。

3.与重点产业和战略性新兴产业相对应的专业设置数严重不足

在xx市"十二五"规划中提出的五大重点临港工业、十大特色优势工业集群、十大重点现代服务产业和八大战略性新兴产业中，xx市6所高职院校现有的专业设置，对十大特色优势工业集群和十大重点现代服务产业的覆盖相对较好，而针对五大重点临港工业和八大战略性新兴产业的专业设置数严重不足。在五大重点临港工业中，仅有石化、造船两个产业有对应专业设置，其余3个产业均无对应专业设置；在八大战略性新兴产业中，仅有18个相关专业的布点且对应程度不高，新材料、新能源、海洋高技术、节能环保等4个产业，均无对应的专业设置。

（二）高端技能型专门人才培养的专业与产业联动不够

从发达国家技术技能型人才培养的实践来看，"专产对接、校企合作、工学结合"模式，能保证毕业生兼具理论知识和实践技能——既能满足当前就业需要也能支撑其可持续发展，因而是培养技术技能型人才的科学而有效的模式。

目前，这一模式已得到我国职业教育界的广泛认可和推行。所不同的是，校企合作、工学结合的深度与广度，还远不能与发达国家相提并论。因而我国高端技能型专门人才培养的结果，与企业的实际需求还有相当的差距。就xx高职院校高端技能型专门人才培养的现状而言，专业与产业的联动还很不够。

1.专业与产业联系不够紧密

专业与产业联系的主要渠道是行业协会。在发达国家，行业协会代表产业界全面、深入地参与职业教育，在技术技能型人才培养的标准与规格、技术技能型人才培养结果的考核、职业资格证书的授予等方面，发挥着无可替代的主导作用。

目前，xx高职院校与xx相关行业协会的联系相对松散。究其原因，除了部分行业协会对自身的职责定位不清的因素外，主要原因在于高职院校的主动性不够。这其中既有理念不到位的问题，也有行动不积极的问题，还有成本因素等的制约。"专产"联系不紧密，会直接导致高职院校对高端技能型专门人才培养的需求不明，进而导致高端技能型专门人才培养的定位不准。这是导致高端技能型专门人才培养结果，与企业需求之间存在偏差的重要诱因。

2.校企合作不够全面

xx高职院校的校企合作不够全面主要体现在两个方面。一方面，在学校层面，不同院系和专业与企业合作程度不同，有的合作深入（如"订单"培养），有的合作浅显，有的甚至没有合作；另一方面，就人才培养而言，合作的范围较小，深度不够，多数停留在企业参与专业人才培养方案制订的层面，在实施层面的合作，往往局限于兼职教师授课和企业提供实习实践机会等。

比对前文提到的校企合作的四个要点，xx高职院校做得相对较好的，是在办学理念的创新和校企资源的共享两个方面。少数校企合作较好的高职院校，能部分地做到（二级教学单位的）组织结构设计中"你中有我、我中有你"；至于高职院校以企业需要为依据开展的开放式运作，大多数高职院校都难以做到。

3.工学结合不够深入

对照前文关于工学结合的界定，当前xx高职院校高端技能型专门人才培养中的工学结合不够深入，其主要体现在两个方面：一是学生到企业学习和实践的机会与时间远远不够。目前，学生"进厂"的主要形式是毕业前的顶岗实习，但却多流于"放羊"，其他的形式主要是一些零星的、不成系统的企业参观、实习实践等。这是导致学生实践技能达不到企业要求的重要原因。二是"与学习相关的要素"和"与工作相关的要素"两者结合得不够深入，即校企双方在人员、场地、信息和标准等方面的结合不够深入。

三、双链对接模式建设的对策和建议

基于前述的高端技能型专门人才培养"产业—专业"双链对接的五点内涵（结构匹配、定位准确、校企合作、工学结合和"双证"融通），对照高端技能型专门人才培养的现状与问题，提出相应的对策和建议，旨在进一步深化校企合作，进一步完善工学结合，从而进一步优化专业结构，以更好地促进区域产业的优化升级。

基于上述以xx市为例所进行的高端技能型人才培养"产业—专业"双链对接模式建设的主要现状和问题的分析，在此提出的对策和建议，仍以xx市为主要"参照物",并以此为基础向全国其他地区扩展和延伸。

（一）进一步深化校企合作

校企合作是"产业—专业"双链对接模式的核心内涵,基于xx产业集群发展的现状与特点,可以从两个方面来进一步深化校企合作,培养高端技能型专门人才。

1.构建"总部—基地"模式下的高端技能型专门人才培养格局

当前,xx的产业集群数量较大,总体规模适中,集群内企业数量较多、规模较小但分布比较集中,各县（市、区）均有若干个数量和规模不等、发展水平各异的产业集群;而高职院校则主要分布于市区,且多数集中于xx南北两个高教园区。

针对这种情况,可以借鉴总部经济思想,推动全市高职院校构建"总部—基地"办学模式格局,即各高职院校以学校本部为"总部",再以各种形式深入各县（市、区）相关产业集群内部,兴建产学研基地等"基地"。与一般意义上的校外实训基地相比,这个"基地"（如产学研基地等）在规模上、功能上以及高职院校的控制力上都有质的改变。产学研基地等"基地"具备一定的规模,高职院校拥有对"基地"较强的控制权或主导权,能够使高职院校借"总部—基地"办学模式格局,更加积极地发挥"基地"的教学、实训、研发和服务等功能。

"总部—基地"办学模式格局的构建,既能拓展高职院校的办学空间,又能密切专业与产业的联系,从而实现产业和（高职）教育资源的跨空间最优配置。这将助推xx高端技能型专门人才"产业—专业"双链对接模式的建设。

2.构建"点线面"结合的校企合作体系

在xx的产业集群中,企业的规模大都不大,这增加了高职院校开展校企合作的难度——高职院校校企合作的成本高昂且稳定性差。在这种情况下,应着力推动高职院校、企业、行业"点线面"结合的校企合作体系。

首先,要推动高职院校与产业的龙头（骨干）企业建立"点对点"的合作关系,促使双方在人才培养、师资队伍建设、实训基地建设、产品研发设计、员工培训与技能鉴定等方面开展全面、深入的合作。其次,要推动高职院校与相关行业协会建立"点对线"的合作关系,充分发挥行业协会在校企合作过程中的桥梁与纽带作用。此举在于实现产业与教育对高端技能型专门人才供需信息的有效沟通,明确并提出高端技能型专门人才培养的产业标准和规格要求,通过进一步的合作行动,来提升产业和行业从业人员的总体素质。最后,要推动高职院校与相关产业园区建立"点对面"的合作关系,引导高职院校深入产业集聚区,开展各种形式的人才培养和社会服务工作,实现高职院校办学和产业园区发展的双赢。

这种"点线面"结合的校企合作体系的构建,能够提升高职院校校企合作的效率和稳定性,并为高职院校提供稳定的产业资源;同时,构建这种校企合作体系,使得校企这对双主体能在高端技能型专门人才培养的过程中,持续、稳定和恰当地发挥作用，从而使培养出来的人才更加切合产业发展的需求。

（二）进一步推进工学结合

当前，就xx经济和产业的发展、高职院校的发展以及两者联动的现状来看，高端技能型专门人才的培养，在短时间内还难以实现稳定的工学交替和主要在企业内培养的要求。基于这种现状，从为高端技能型专门人才创造更好的企业学习实践机会，从而进一步推进工学结合的角度出发，应着力做到以下"四个结合"。

1.在培养目标上做到技术应用能力与发展能力相结合

技术应用能力是学生运用所学知识、技能解决实际问题的能力。在培养学生的技术应用能力时，要在学习专业理论、训练专业技能的基础上，注重对学生创新意识和能力的培养，从而实施对学生的专业能力和方法能力、社会能力的协同培养。

为此，要开展创新创业实践活动（如设立大学生科技创新项目、创新创业孵化项目计划和科技推广项目，设立创新实验室等，建立创新创业活动平台）；要实施"特长生培养工程"，推进"首席工人、技术能手带徒"工程，培养有特长、有特别动手能力的学生。

2.在培养计划上做到专业教育与职业素质教育相结合

要把职业素质教育融入专业教育之中。职业素质教育以方法能力（如学习能力、工作能力、分析和判断能力等）和社会能力（如表达能力、沟通能力、团队合作能力等）培养为重点，以职业态度、职业认识为出发点。

这就要求，在人才培养方案中，要安排一个与本专业对应的职业（岗位）的认识环节，如认识实习、生产劳动、参观考察、校外的专业实践活动等；在课程教学目标设计中，要包括职业素质教育目标；在教学内容和教学方法的安排上，要体现职业素质教育的要求；在考核方法设计中，也要包括对学生职业素质的评价内容；要从企业聘请兼职教师承担专业课程教学任务，以一个职业人的行为熏陶和影响学生的职业态度。

3.校内校外相结合、学期内学期外相结合、课内课外相结合

校内外、学期内外、课内外相结合，要在培养方案中有具体体现和明确安排，如实习实训项目、课程设置、创新创业活动安排等，要有学分要求和具体的考核要求。

其操作要点是：第一，校内外结合。除顶岗实习、认知实习外，高职院校专业人才培养方案中应有校外课程和学分的适当安排，具体课程（尤其是专业核心课程）中也应有校外教学的安排。学生在校外取得的课程学分、科技活动学分、职业资格证书学分与校内学分应被同等对待。第二，学期内外结合。要打破现有的学期界限，将学期内教学安排延伸到假期，将学期与假期的时间统筹安排。第三，课内外结合。通过人才培养方案的合理设计与安排，学生在课外的学习成为其课内学习的延伸与

补充。教师要统筹安排好学生的课内和课外学习内容（任务），做到让学生带着问题和任务出课堂，围绕问题和任务开展课外实习与实践，从而实现第一课堂与第二课堂的互动。因此，要围绕专业人才培养的目标和促进第一课堂的学习，设计和安排第二课堂活动。

4.在培养规格上做到毕业证书与职业资格证书相结合

在培养规格上做到毕业证书与职业资格证书相结合，有以下几点要把握。

第一，毕业条件中必须明确"双证"的要求。如果没有相对应的职业资格（技能）证书，要由专业自行设定标准并安排考核。第二，将职业资格标准融入课程内容，即单独设置考证课程或将职业资格标准的知识、技能与素质要求安排到相关专业课程中。第三，要引入行业、企业对能力或技能的评价标准，改变以知识掌握程度为主要考核目标的做法，形成行业、企业标准与学校标准相结合的，兼顾知识、技能与素质的考核方式。

（三）进一步优化专业结构

当前xx应推动高职院校以服务地方经济和产业发展为宗旨，以xx"十二五"规划纲要为主要依据，围绕地方重点临港产业、特色优势产业、重点产业和战略性新兴产业等发展方向，结合各高职院校办学特色和专业人才培养优势，"坚守"传统优势和重点产业，"跟踪"新产业发展机会，科学调整专业设置，优化专业布局，逐步形成与xx经济和产业发展相适应的专业结构。

1.对传统优势产业和重点产业的"坚守"

一方面，在存量管理上，应适当压缩部分重复设置的专业（尤其是重复设置的"三产"类专业），如应用英语（与本科院校相比，无明显竞争力和特色）、会计（生源充足但职业发展空间有限）、市场营销（定位不清晰，毕业生就业稳定性较低），以及计算机应用技术、计算机网络技术、计算机信息管理等计算机类专业（定位不准确，毕业生就业专业对口率低）。这些专业在xx高职院校中的布点数都在3个以上，招生规模和在校生规模相对偏大。对待这些专业，应在保证一定数量优势专业布点的基础上，对发展水平不高的专业或非高职院校重点发展的专业，采取停招、合并或少招的措施，引导这些专业做优、做精，从而与xx传统优势产业和重点产业发展的高端技能型专门人才需求相适应。

另一方面，在增量管理上，应加强部分传统优势产业和重点产业的专业建设，如机械制造生产管理专业、工业环保与安全技术专业、物流管理专业、护理专业、健康管理等专业。对于这些专业，应基于相关产业发展的需要，进一步加大投入力度，提升师资队伍水平，改善实践教学条件，扩大招生规模，引导这些专业做大和做强，逐步增强其对xx相关传统优势产业和重点产业的服务能力。

2.对新产业发展机会的"跟进"

　　基于 xx 八大战略性新兴产业发展需求，增设相关新专业，如造船、汽车领域的船舶工程技术、船舶电子电气工程技术、汽车电子技术、汽车技术服务与营销等专业，新一代电子信息领域的物联网工程技术、微电子技术等专业，新装备领域的机电设备维修与管理、数控设备应用与维护、自动化生产设备应用等专业，海洋高技能领域的港口业务管理、港口物流设备与自动控制技术、水产养殖技术、海洋生物资源与环境、海洋资源开发技术、海洋生物医药技术、滨海休闲旅游等专业，从而逐步满足这些产业发展对高端技能型专门人才的需求。

　　3.构建专业链与推进专业融合相结合

　　高端技能型专门人才培养"产业-专业"双链对接模式，其建设路径有两种选择。一种选择是基于产业链构建专业链，如基于浙江工商职业技术学院与宁海县合作，基于 xx（海）的模具、文具、灯具等产业链，构建了一条从产品造型设计、工业设计，到模具设计与制造、数控技术、计算机辅助设计与制造，再到市场营销、电子商务、国际商务的专业链，基本覆盖了整个产业的设计、制造和销售等主要环节，从而较好地实现了专产联动。另一种选择是推进专业融合（主要是二、三产类专业的融合），如基于 xx 电子电器产业发展对国际营销技能人才的需求，推进应用电子技术与国际商务专业的融合，在其中一个专业中设立电子电器产品国际销售方向，使得毕业生同时具备电子电器产品设计与制造专业背景和国际营销技能；再如基于 xx 服装产业对电子商务高端技能型专门人才的需求，推进服装设计与电子商务专业的融合，在其中一个专业中设立服装电子商务方向，使得毕业生同时具备服装设计背景知识与电子商务技能。这样培养出来的高端技能型专门人才与一般毕业生相比，兼具了二、三产类专业背景知识与技能，是典型的复合型人才，对于产业来说，更加切合了企业的需求，对于学校来说，增加了毕业生的就业竞争力，可谓一举两得。

第四章 基于文化自信视域下的育人机制构建

第一节 新时代文化自信视域下的高校育人机制现状分析

分析当前高校育人机制的现状有助更好地构建新时代下的高校育人机制。从发展机遇和现状分析这两个方面来分析当前育人现状，既发展了新时代下的高校育人机制构建的发展机遇，也为将来育人过程中所面临的挑战做好准备。

一、新时代文化自信视域下的高校育人机制的发展机遇

蔡元培先生曾说："教育乃养成人格之事业也。使仅仅为灌注知识，练习技能之作用，而不贯之以理想，则是机械之教育，非所以施以人类也。"高校育人机制不是简单地机械化工作，更不是一项对年轻一代进行机械地传授知识技能的活动。高校育人的最终目的必须触及灵魂，而能够唤醒灵魂最有力的方式就要依靠文化的作用。人不可无魂，人无魂则死。国不可无文，无文化则亡。新时代下的高校要立足文化自信为基础来构建育人机制，通过行之有效的育人方式来增强大学生对于本民族文化的自信心，借力于文化自信从根本上为高校树立更为明确的育人理念、理清高校育人的逻辑理路、提升新时代高校育人的创新能力。

（一）文化自信的价值性提升了高校育人理念

习近平总书记指出："办好我国高等教育，必须坚持党的领导，牢牢掌握党对高校工作的领导权，使高校成为坚持党的领导的坚强阵地。就目前中国高校而言，由

于我国独特的国情与文化，决定了新时代高校的育人理念要始终坚持中国特色社会主义道路。我们的高校是党领导下的高校，是中国特色社会主义高校。高校作为意识形态培育的主要阵地，其办学的主要目标就是为社会主义事业培育优秀人才。列宁曾指出："政治文化、政治教育的目的是培养真正的共产主义者，使他们有本领战胜谎言和偏见，能够帮助劳动群众战胜旧秩序，建设一个没有资本家、没有剥削者、没有地主的国家。"所以，源于中华优秀传统文化的优良基因，我国高校育人理念的树立一定要扎根中国大地，在汲取中国文化的基础上，积极贯彻党的教育方针，树立以马克思主义为指导的育人理念。坚持把高校育人理念与国家发展方向紧密联系在一起，要始终保证高校是培养社会主义事业建设者和接班人的坚强阵地。

（三）文化自信的民族性明确了高校育人逻辑

新时代的今天，以文化自信为视角来探析高校育人机制，不仅能够提高当代大学生对于本民族文化的深刻认识，增强文化辨别能力，树立文化自信心，而且能够进一步理清高校在新时代下如何进行以文化人的育人逻辑，增强高校育人的实效性。以文化自信为视角来研究高校育人机制不是一蹴而就的，它需要经历从文化感知到文化认同再到文化自信的渐进式发展过程。

高校育人机制首先要从文化感知着手，从文化自信的产生来看，因为文化自信不可能凭空产生，文化感知是对本身文化主体进行基本的概念灌输，让学生逐渐了解自身文化的基本特征，从而产生文化共鸣，进而为文化认同建立一个良好的情感基础。如果高校在育人过程中没有在这一阶段对受教育者提供良好的文化体验，那么这就会引起受教育者对本民族文化产生否定乃至抵触的心理状态，使得高校育人工作难以进行下去。所以，高校在育人过程中要强化文化认同，通过强有力的文化感知过程，去积极引导当代大学生对于中华优秀传统文化的认同，使得中华文化本身具备鲜明的文化辨识度，让越来越多的受众体会中华优秀传统文化的魅力所在。新时代高校只有通过从文化感知到文化认同的生成逻辑后，文化自信心才能油然而生。

（三）文化自信的开放性丰富了高校育人渠道

文化自信属于意识形态领域中的内容，而高校教育就是一种主流意识形态的教育，良好的育人机制构建对于提高大学生的文化自信有着非常重要的影响，大学生的文化自信反过来也会作用于高校育人机制的构建，影响到高校教育的效率与质量。以文化自信为视角研究高校育人机制，这对于高校育人工作无疑是一个宝贵的契机。一方面，文化自信的融入为高校育人机制提供了不同的方式，为高校育人增添了许多新的方法和渠道。另一方面，高校育人工作的顺利展开离不开文化这一大环境，良好的文化环境有助于高校育人工作的顺利进行。由于文化本身所具备很强的生动性与直观性，文化自身的这种感染力就使得高校在育人过程中更加地深入人心。所以，以文化自信为视角研究高校育人机制，可以通过不同的形式对大学生进行教育，高校可以通过一些喜闻乐见的育人方式，以"润物细无声"的方式，潜移默化地进行育人工作教育。通过这种方式就在一定程度上提升了高校育人的创新能力，通过大力弘扬中华优秀传统文化、努力宣传红色革命文化、加快推进社会主义先进文化建设，构建一套先进且高效的社会主义文化育人体系，为新一代青年营造优质的文化育人环境，为高校育人工作提供了良好的育人能力和创新条件。

（四）文化自信的实践性增强了高校育人效果

九层之台，起于累土。新时代高校育人工作借力于文化自信来增强育人效果依靠的不仅仅是单一的力量，最重要的是需要形成百花齐放、百家争鸣的育人效果，只有形成大规模的文化景象，中国特色社会主义文化自信与自觉才能够更好地发挥出来。中华民族拥有着5000多年的文明，每一个阶段的发展都是不同阶级、不同社会力量协同助力而创造的宝贵成果。习近平总书记在纪念孔子2565周年诞辰大会上的讲话中指出，"无论哪一个国家、哪一个民族，如果不珍惜自己的思想文化，丢掉了思想文化这个灵魂，这个国家、这个民族是立不起来的"。&由此可见，正是我们中华儿女这种与生俱来的文化自信心与民族自豪感，才使得我们拥有并形成了这种前赴后继、勇往直前的精神。所以，新时代文化自信自身所具备的实践性也成为凝聚国家、民族与个人等各方面力量和智慧的重要内容，并深深贯穿于新时代高校文化教育事业之中，彰显着中国特色社会主义文化的实践性和长远性。

二、文化自信视域下高校育人机制构建的现状分析

（一）高校育人的理念及方向：一元化与多元化的困惑

改革开放以来，我国高校在育人理念与方向把控上所呈现的特点是一元化现象较为突出，倾向于运用一元标准去衡量与要求受教育者，不自主地善于要求每一位教育对象去遵循统一性的整体价值，在一定程度上忽视了受教育者的层次性与差异性。在没有充分考虑到受教育者多元化需要时，由于个性与主体精神受到一定的抑制，运用一元化理念培育出的学生看似符合社会中的各种共性要求，但是就学生个人而言，他们更缺乏一种创新与批判的精神，这样的现象追根溯源就是高校在育人理念构建上出现了问题。高校作为意识形态培育的主要阵地，在教育过程中必然会受到社会主流意识的影响。所以，高校在育人过程中的主旋律则是以社会主流意识为主的，具有一定的针对性与统一性。然而，面对新时代的今天，由于社会的快速发展而产生出的各种思潮，使得多元化观点层出不穷，原来传统的一元化育人理念已经远远不够面对如今的新形势了，高校在育人理念上则出现了一元化与多元化的困惑。

聚焦育人一元化与多元化的困惑，主要源于以下几个方面：一是经济全球化的

发展对高校育人理念的冲击。经济全球化对于我国高校教育的冲击不容小觑，特别是对于高校育人机制的构建、意识形态领域方面的影响。由于国内外各种思潮的冲击，增强了我国在育人过程中的难度，使得学生在人生观、价值观、世界观的培育上产生不少阻力。二是社会主要矛盾的变化给高校育人带来挑战。十九大以指出："我国社会主要矛盾的变化为人民日益增长的美好生活需要和不平衡不充分的发展之间的矛盾。"随着新时代的到来，使得人们不仅对物质文化生活提出更高的要求，同时，还对于人的全面发展以及社会的全面进步提出新要求。所以，新时代高校在育人过程中一定要关注这一矛盾变化背后的深层意蕴，在对广大青年进行教育的过程中更要注重需求的多样化、个性化与层次化。三是现代高科技的发展对高校育人理念的冲击。科学技术作为第一生产力，极大地推动了社会的发展。但是科学技术作为一把双刃剑又在一定程度上带来了许多负面影响，高校在育人过程中一定要借力于科学技术的优势，减轻一元化与多元化育人观念上的冲突。

总之，社会生活中出现的价值取向多元化，并不完全意味着高校在育人理念上也要完全导向多元化。高校应在意识形态培育领域中坚决秉持一元化育人导向，坚定政治立场，积极学习与践行社会主义核心价值观的基本要求。同时，又要肯定社会中多元观念的存在，在肯定教育的内在价值与外在价值的基础上，做到辩证统一，提倡一元与多元化协同发展，使得高校育人工作实现百花齐放的育人效果。

（二）高校育人的体制及控制：刚性化与柔性化的冲突

在我国，许多高校的育人方式侧重于知识的讲授与吸收，缺乏对学生情感的培养，忽视了学生的主体地位，认为高校育人的过程就是将理论知识简单地、机械地灌输给学生就是完成了育人的任务，从未考虑过学生真正需要的是什么、学生内心是如何想的。唯物辩证法中的内外因辩证原理表明："事物的内部矛盾是事物自身运动的源泉和动力，是事物发展的根本原因。外部矛盾是事物发展、变化的第二位的原因。内因是变化的根据，外因是变化的条件，外因通过内因而起作用。由此可见，决定事物发展的重要因素是内因，而非外因。所以，决定受教育者向前发展的决定因素是受教育者的本身，而非其他外部环境。高校教育者在进行教育的过程中，不要一味地强调知识的灌输，成绩的达标，反而忽视了受教育者自身的能动性。实际上，学生内心的想法、潜意识的愿望、情绪的表达等心理特征都是教育者必须关注并长期重视的一个关键点，如果受教育者情感上的需求得不到满足，他们内在的情绪变化就会影响他们对于理论内容的接受和消化。新时代高校在育人机制的构建过程中一定要以学生受众为中心，强调学生受众的感受与体验，要在思想上、心理上、内容上、形式上都要切实关怀学生。新时代高校育人机制的构建一定要遵循以情服人、以理服人的原则，在重视高校教育质量的同时，一定要关心学生受众的实际需求与思想动态。高校育人工作说到底就是为学生服务的工作，如果教育过程中忽视掉了学生的主体地位，那么高校教育工作就无从谈起。

（三）高校育人的方法及手段：单一性与多样性的矛盾

就目前高校育人方式来讲，大部分高校在育人过程中运用的方式主要是以知识的传授为主，问题讨论为辅，教育的主要环节都是在课堂中开展的，授课过程中以教师"一言堂"的现象较为明显。在课堂上也很少有学生主动积极地提出问题，大多数情况下都是在老师的带领下完成课堂任务，课后也很少得到有效的反馈，实际上这样单一的教学方式是存在很多弊端的，教师在教育过程中占据了很多的时间，而留给学生在课堂上讨论与互动的机会少之又少，教育者废了不少力气，受教育者的积极性没有被调动起来，从而育人的效果也会事倍功半。相对而言，美国高校在教育方法上则更多的尝试通过与学生之间的争辩和讨论，鼓励学生主动地发现并解决出现的道德问题，通过对这些问题的判断与分析来明确并树立正确的价值观与道德观。美国的教育方法更善于让学生在生活的点点滴滴之中将文化知识内化为自己的道德信念，进而转变为行为习惯。我认为这一点是值得我们教育工作者所借鉴的。值得注意的是，美国的教育方法也存在一些不好的现象。比如：忽视系统学习的重要性，使得学生始终处在一种较为自由散漫的状态，很大程度上削弱了教育的权威性，这也是后现代主义带给美国教育事业的负面影响。

从另一方面来讲，我国的教育方式是侧重理论的，而忽视实践性的。现如今，很多学生当他们毕业走向社会后，就会发现将自己学习的知识运用到实际工作与生活中是十分困难的。就我国大部分高校而言，每个假期都会要求高校大学生参加社会实践项目，实践活动占综合成绩的30%左右，要求每一位学生在他们结束实践活动后填写实践报告，最终以书面形式进行上交。通过对实践报告的分析，不难发现有一部分同学是经过假期的实际实践活动来认真记录自己的心得体会，但还是会有部分同学选择敷衍了事，他们的实践报告也是纸上谈兵，甚至出现相互抄袭的情况。针对这样的现象，我认为我们的高校需要去反思，为什么会有这么多同学选择不去认真完成实践环节的任务呢？其实，在一定程度上，是由于学校自身就对实践不重视，如果学校经常对学生灌输实践教育的重要性并给予严格的实践考核制度，我想这样的情况在一定程度上就会避免的。根据本人暑假前往日本参加的海外实习活动中，了解到了日本高校采取的一些育人方式是值得我们借鉴的。比如，日本当地的工厂会定期举行针对高校的见习活动，当地高校会带领学生前往工厂去切身学习与观摩工厂的工人是如何进行工作的，而且这样的见习活动从小学就已经开始了，更何况是高校大学生。与此同时，日本高考的内容划分不仅是书本中的理论知识，他们会将本国有权威性的报刊、新闻作为每一年高考的内容，目的是让学生们不仅了解自己所学的知识，更要放眼世界，关注本国的发展现状来进行教育的。所以，我认为我国的育人方式与手段可以尝试不同的方式，只要目的达到立德树人的要求，所有的有效方式都是可行的。总之，新时代高校要立足于本国丰厚的文化资源，在此基础上让更多学生深入了解中华传统文化、红色革命文化、社会主义先进文化，在学习借鉴的基础上丰富高校育人机制的构建，让越来越多的新时代青年坚定他们的文化自信心与民族自豪感。

（四）高校育人的绩效及反馈：功利性与实效性的反差

辩证唯物主义认识论提出："人的思想观念是相对于感觉、印象等感性认识而言的一种较为稳定的认识成果。思想观念的形成，实际上就是认识不断深化的过程，是人们心理活动和外在社会作用的结果。"因此，对于高校育人效果客观且实际的评价就为高校反馈调节提供了有效的基础。绩效评价起源于企业管理领域，主要是指企业对员工的工作结果、工作行为以及工作效果的判定与评价。就现代人力资源管理而言，"绩效考核是人力资源管理中的重要环节，是组织发展和个人发展的基础，同时也是其他管理环节得以正常运行的重要依据。"当前高校在效绩评价与反馈阶段的工作还需提高与完善，特别是对于育人的效果评价与反馈还处于探索阶段。如：高校育人目标定位存在偏差、评价过程流于形式、绩效评价与反馈环节薄弱、评价主体存在功利性等问题。高校如何有效地开展与实施育人工作绩效评价成了高校育人亟待解决的重要课题。因此，新时代高校教育工作者在构建育人评价反馈机制过程中，必须要确立"以人为本"的理念，处理好评价过程中的几种关系，重视对被评价教师的信息反馈，并不断提升评价人员专业水平。一方面，高校要在育人的绩效及反馈上提供人员、经费、以及组织的落实，确保高校效绩评价反馈工作顺利进行。另一方面，高校要根据实际育人现状，不断创新效绩评价与反馈方式，为新时代高校育人工作的顺利开展提供新思路、不断探索新道路。

第二节 新时代文化自信视域下的高校育人机制构建逻辑与优化

新时代文化自信视域下的高校育人机制构建需要系统的逻辑与优化。分别从构建理念、逻辑演进、结构优化这三个方面出发，旨在通过理念、逻辑、结构来完善与优化育人机制的构建，从而为新时代大学生培育文化自信心提供理论与实践基础。

一、新时代文化自信视域下的高校育人机制的构建理念

新时代树立高校育人机制的构建理念，首先是要坚持党的正确领导，坚持问题导向意识，发现育人过程中存在的问题做到精准施策。同时构建育人机制一定要遵循文化自信生成的内在规律，只有掌握了文化自信生成的特定规律，协同多方面的育人方式，高校育人工作才能够有条不紊地顺利开展。

（一）坚持党的领导：突出文化自信视域下育人机制的价值引领

高校育人工作必须坚持的党的领导，只有在党的积极领导下高校育人工作才会有所方向，高校才会有育人的强大基础，高校的育人工作才会拥有价值。习近平总书记提出："党管宣传、党管意识形态、党管媒体，是坚持党的领导的重要方面。"所以，高校育人工作在育人机制体系构建之前一定要坚持正确的指导原则，只要秉持这一基本原则，实现党在高校育人工作中的核心领导，在育人机制的构建过程中、教育教学设置环节上、人才培养各方面都要始终坚持党的正确领导原则，在新的历史环境下彰显高校育人工作时代新风采。

（二）坚持问题导向：注重文化自信视域下育人机制的精准施策

高校在开展育人工作的过程中，要树立起问题导向意识，这也是新时代高校在育人环节中最为鲜明的特征之一。问题是时代的声音，每个时代都存在着属于自己的问题，高校教育工作者只有树立强烈的问题意识，才能有的放矢地解决在不同环境下的各种问题，才能找到新时代引领高校进步与发展的路标。坚持问题导向是遵循马克思主义原理的重要体现，坚持问题导向就是坚持了具体问题具体分析的原则，即马克思主义活的灵魂。所以，新形势下高校育人工作必须紧抓当前育人工作中的根本问题，即"培养什么样的人、如何培养人以及为谁培养人"的思考。我们只有找准目标，育人工作才可以有条不紊地进行，从而实现精准施策的育人目标。习近平总书记明确指出："高等教育培养人才要为人民服务，为中国共产党治国理政服务，为巩固和发展中国特色社会主义制度服务，为改革开放和社会主义现代化建设服务。中国高校培育的人才，是中国特色社会主义事业的接班人，也是为中华民族伟大复兴而奋斗的人才。高校工作者必须发现、正视、研究育人工作中存在的问题和不足，针对不同问题精准施策，加快推进高校育人工作的改革创新。

（三）坚持以文化人：彰显文化自信视域下育人机制的核心要义

人不可无魂，人无魂则死。国不可无文，无文化则亡。文化是贯穿人类社会在历史发展中的核心力量，文化自信更是一个国家与民族进步的灵魂。精神文化始终是高校在办学过程中赖以生存与发展的不竭动力，精神文化的培育不仅有助于夯实高校以文育人的内在基础，而且在育人过程中也产生着潜移默化的渗透作用推动着新时代育人工作的开展。随着经济全球化快速发展，中华民族传统文化也受到一定程度的冲击，新时代青年如何要在纷繁复杂的历史环境下承袭中华优秀传统文化，在面对多元文化交织的今天，能够理清不同文化间的差异，挖掘其深厚的精神文化资源，在面对本国文化的过程中做到继承与创新。这就需要高校育人工作要坚持以文化人的育人原则，要强化大学生对于中华传统文化、红色革命文化、社会主义先进文化的认知与学习，既要培育青年一代广阔的视野，又要从根本上实现以文化人，树立高度的文化自觉与文化自信。

（四）坚持遵循规律：实现文化自信视域下育人机制的改革创新

习近平总书记高度重视青年文化自信的培育，特别是在党的十九大报告中，习近平总书记用浓墨重彩的一段话专门论述了对于青年成长成才的热切期盼。其中深刻回答了"培养什么样的人、如何培养人、为谁培养人""如何认识青年学生、如何教育引领青年学生、如何发挥青年学生作用"等一系列值得重视的问题。新时代的今天，高校教育工作者要深入学习贯彻党的十九大精神和习近平总书记关于青年成长成才的重要思想，把握教书育人规律，把握思想政治工作规律、把握学生成长成才规律，这些所遵循的规律都是新时代高校育人工作中所必要的根本遵循。与此同时，在坚持这些规律的基础上，高校育人机制的构建也要敢于改革创新，为增强高校文化自信的培育提供源源不断的动力。在改革创新中高校要积极坚持中国特色社会主义文化自信，构建创新的体制架构，高校教育工作者只有紧紧抓住创新这个理念，我们的文化教育事业才能在不同文化的冲击中站稳脚跟，焕发出强大的生命力与吸引力。

（五）坚持协同联动：强化文化自信视域下育人机制的责任落实

习近平总书记强调，"要使各类课程与思想政治理论课同向同行，形成协同效应"。新时代高校育人工作要发挥协调联动首先就要在育人观念上要打破狭隘的定位与片面的认识。新时代的育人工作不仅仅是高校教师的任务，更是全校上下每一位工作人员的共同事业。高校育人工作者要积极调动每一位高校教育工作者的积极性，让他们将育人工作重视起来。高校应强化各部门责任落实，使得每个部门都肩负起自己的任务，每个人在自己的工作岗位上都能做到"守好一段渠，种好责任田"。新时代高校要加强党对高校育人工作领导的同时，落实主体责任，把"软指标"变成"硬约束"，还必须联合校党委的统一领导，实现党政齐抓共管，加强"1+1>2"的协同育人效果，形成新时代高校全方位育人的新格局。

二、构建新时代文化自信视域下高校育人机制的逻辑演进

从文化自信的生成逻辑来看文化自信的产生主要经历了从文化认知到文化认同、文化自觉、再到文化承创从而最终实现文化自信，只有掌握了文化自信产生的特定规律，理清文化自信视域下高校育人机制构建的逻辑演进，新时代高校育人机制的构建才会在原有的基础上发挥新的作用与效能。一般而言，文化认知作为文化自信生成的基础，客观且实际地认知本民族的文化是文化自信产生的根基；文化认同作为文化自信产生的关键，只有达到充分的认同感才会使得文化自信更好地深入人心；文化自觉是文化自信生成的核心，以文化自觉为核心的文化自信，不仅使个体文化产生差异，同样也使得国家与民族与之不同，文化自觉彰显了本民族精神品质的独特性；文化承创是文化自信产生的标志，只有敢于在继承的基础上实现对本民族文

化的创新，文化自信心才会根植于内心，从而注入中华儿女的灵魂之中。

（一）文化认知：新时代文化自信视域下育人机制生成的基础

马克思主义哲学中质变与量变的辩证关系表明，"量变是质变的必要准备，质变是量变的必然结果，当量变达到一定程度，突破事物的度，就产生质变。质变又引起新的量变，开始一个新的发展过程。新时代高校要构建以文化自信为视域的育人机制最重要的是以准确认知本民族的文化为基础，准确地认知本民族文化是产生文化认同感与自信心的必要条件。首先，文化认知主要包括对与自身文化内涵与特点的认知，还包括存在于文化之中最基本的价值取向与判断。高校要构建以文化自信为视域的育人机制第一步就要使得大学生充分认知本民族文化，积极树立符合本民族文化的价值观念，使得新时代大学生在面对纷繁复杂且多样化的文化形态时坚定信心，并能够清晰辨别不同文化，在不同文化的交融与交锋中坚定文化自信心，实现取其精华去其糟粕的目标。与此同时，高校在育人机制构建的过程中一定要以文化认知为出发点，提供一种客观的视角与立场去教会学生用一种正确的思维去看待本民族文化的产生、形成与发展。只有以充分的文化认知为基础，以新时代文化自信为视角的高校育人机制构建才能够水到渠成，从而产生更加深远的影响力。

（二）文化认同：新时代文化自信视域下育人机制生成的关键

马克思主义哲学的唯物辩证法认为："事物内部各素之间的同一与斗争是内部矛盾，事物之间的同一与斗争是外部矛盾。前者是事物发展的内因，后者是事物发展的外因。内因是事物自我运动的源泉，规定着事物的本质和发展方向，外因则影响事物的状况和发展进程。外因是变化的条件，内因是变化的根据，外因通过内因而起作用。"高校如何在新时代新环境下以文化自信为视域构建育人机制，最为关键的就是培养文化认同感，大学生在已形成的文化认知的基础上培养对本民族文化强烈的认同感，是高校以文化自信为视域构建育人机制最为重要的出发点。文化存在的形态多种多样，不同文化具有不同程度的可触及性、可感悟性、可体验性等特征。高校作为意识形态培育的主阵地，如果对于大学生文化自信心的培育仅仅停留在最基本的文化认知层面，不去深挖必要的文化体验过程，那么这种育人机制的构建本身就是失败且无力的。新时代高校育人机制的构建要针对当代大学生普遍存在的问题，如：缺乏相应的文化体验、价值取向的偏离等。高校在育人机制构建的过程中要尽可能地提高实践平台，让更多大学生结合自身的文化认知与感悟去接触本民族的优秀文化，使新时代大学生能够更好地发现自身文化的价值，从内心深处产生文化认同感。高校育人机制的构建必须要以文化认同作为关键，只有达到心灵深处的共鸣感，新时代以文化自信为视域的育人机制构建才能有的放矢，凸显以文化人的独特优势。

（三）文化自觉：新时代文化自信视域下育人机制生成的核心

文化自觉是指"一个民族、一个政党在文化上的觉悟和觉醒，包括对文化在历史进步中地位作用的深刻认识，对文化发展规律的正确把握，对发展文化历史责任的主动担当。"新时代高校要构建以文化自信为视域的育人机制，文化自觉是文化自信形成的核心节点，高校在育人机制的构建过程中要在一定文化认同的基础上培育新时代大学生的文化自觉，要实现文化自觉的培育最重要的是实现三个基本目标。首先，高校育人机制的构建要以浓厚的文化为积淀。因为高校育人机制构建的宗旨就是培养新时代大学生的文化自信心与民族自豪感。中华优秀传统文化、红色革命文化、社会主义先进文化是育人机制构建过程中取之不尽的文化资源，要始终将传统文化、红色革命文化、社会主义先进文化的精神贯穿于育人的全过程。新时代大学生只有充分接触并感悟这些浓厚的文化价值，才能够在现如今的学习与生活中具备文化自信心。其次，高校育人机制的构建要引导大学生学会自觉且客观地面对当前主流文化。改革开放40年来的伟大成就使我国的经济得到迅速发展，但随着经济发展的同时带来的问题也不容小觑。在文化方面趋向多元化，文化多元共存的局面十分明显。这样的现象对于社会主流文化产生了十分消极的影响，造成了一定的冲击。然而，就当前主流文化而言，社会中的主流文化都是历史上传统文化的积淀以及与现代文明充分融合而产生的。新时代大学生要培育文化自信，最重要的就是要积极面对自身所处的时代，清晰地认识到现如今文化现状，发掘当前主流文化中的精神价值，并结合自身实际继承与发展新时代下的主流文化。最后，高校育人机制的构建要以未来文化的发展为展望。任何一种文化都有其相应的生成形式与演进逻辑。新时代大学生对本民族文化充满自信，理应要对本民族文化的历史及当前形态产生高度的认同感，而且要对本民族文化的未来充满信心。高校育人机制的构建目的就是调动大学生的文化自觉，使得新时代大学生能够主动地传承与弘扬本民族文化，使得文化自信心成为生生不息的动力源泉。

（四）文化承创：新时代文化自信视域下育人机制生成的标志

新时代高校育人工作既要具备文化传承功能，又要具备时代变革功能。新时代高校育人的重要作用就在于它既传承了中华优秀传统文化之精华，又在新的时代与环境之下赋予传统文化不同的意义与价值。首先，文化承创是新时代高校育人机制构建的必然要求。在新时代中国特色社会主义文化事业中，高校作为孕育思想培育人才的主阵地肩负着十分重要的使命。新时代高校育人机制的构建要始终坚定马克思主义思想，树牢"四个意识"，坚定"四个自信"，坚决做到"两个维护"，始终以"立德树人"为中心展开育人工作。随着时代的发展，高校育人机制的构建与育人目标也要随着新时代赋予新内容，最为突出的就是在文化传承与创新方面做到继承与发展，既要传承中华优秀传统文化，又要在此基础上赋予传统文化新内容，彰显中国特色社会主义文化自信，以与时俱进的态度完成育人新目标。其次，实现文化承创是促进新时代教育事业发展的现实需求。中华优秀传统文化既是中华民族的血脉，又是中华儿女的精神家园，更是新时代教育事业的根基。回顾历史，我们可以看到中华优秀传统文化在中国的教育史上扮演着不可或缺的重要角色。新时代高校育人工作一定要大力推进自身文化的传承创新，通过文化承创业丰富新时代高校育人方式，提升新时代高校育人效果，从而进一步推进新时代教育事业的健康发展。再次，实现文化承创是践行社会主义核心价值观的必然结果。新时代高校育人工作要将社会主义核心价值观与育人机制的构建有机地结合起来，用社会主义核心价值观引领新时代大学生的思想与行为，达到润物细无声的育人效果。最后，实现文化承创是提升国家文化软实力的重要途径。文化兴则国运兴，文化强则民族强。文化是决定一个国家繁荣兴盛的重要因素之一，新时代中国的教育事业也将不断地致力于文化的传承与创新，这也必然是新时代高校育人的重要使命。

三、构建新时代文化自信视域下的高校育人机制的结构优化

（一）树立文化自信育人理念，以转化育人思维为新亮点

新时代催生新理念，新理念指引新征程。在这样的时代背景下，高校育人工作要积极转变育人理念，将以文化人融入高校育人机制之中，融入整个高校的教育教学全过程当中。将以文化人理念贯彻到高校育人机制之中，首先就是要以文化自信为视角转化高校育人思维，这不仅有助于增强新时期高校育人的实效性，还是在一定程度上提升了育人的科学化水平。

马克思在《经济学哲学手稿》中指出："人使自己的生命活动本身变成自己的意志和意识的对象。"由此可见，人类在进行对象化的实践活动时内在地包含了与之相关的文化层面的规定。所以，人类的发展与文化的产生之间存在一种辩证关系，即人类创造了文化，文化又反作用于人类，塑造人们的生活。同样的，高校育人工作是针对人本身而开展的工作，由于人们的生存与发展必然会受到一定文化环境的影响，所以高校育人工作在其本质上具有鲜明的文化属性。由此可以看出，文化自信的培育在高校育人工作中占据着极为重要的地位和作用，高校育人工作要从根本上转化育人思维，确立以文化人的重要性并将其贯穿于高校育人工作的全过程。

贺麟曾提出："文化是名词，同时也是动词；化字含有改变的意义；文要化，要影响其他的一种东西，要感化或支配另一种东西"。文化最基本的功能就是教化，而教化的目的就是为了树人，为了培养人才。高校作为思想理论传播和人文精神聚集的主阵地，对新时代青年进行价值观的教育与引导功能。在面对现实生活中的诸多文化思潮，当代大学生会因为文化的多样性特点而感到迷茫，甚至会冲击到自身的文化结构与价值观念。高校在面对这种现象时，要走出这种困境最重要的就是转换

观念，大力加强育人力度，使当代大学生在面临多样文化交流与碰撞时，能够摆脱文化焦虑，增强文化的辨识力，并保持清醒的文化定力，始终对本民族文化拥有自信心。与此同时，高校要积极创新育人理念，转变育人思维有利于增强高校育人的亲和力和感染力。新时代以文化自信为视角来构建高校育人机制，主要方式就是通过以文化人以文育人来增加当代大学生的民族自信心与自豪感，使得原本枯燥、机械的教化方式变得更加具有思想性、艺术性与感染力，育人理念的转变拉近了教育双方在心灵上的距离，很大程度上增强了高校育人的实效性。

（二）实现以文育人教育过程，以彰显文化自信为出发点

美国文化人类学家克罗伯和克拉克洪在《文化：一个概念定义的考评》中收集考察地对文化的定义达 166 种之多。从最本质上讲，文化是人的精神和道德品质的思想观念的呈现，是一定区域内人们普遍接受的价值观念。无论回顾历史还是展望未来，在全球化大背景下世界上会出现各种各样的文化形态，各种文化之间会不断地交流、交融，甚至是交锋。新时代背景下的大学生要保持一种稳定的心态与眼光去面对本民族文化与各种外来文化，在这种纷繁复杂的文化大交融现状之下，保持一颗对于本民族文化的自信心就显得尤为重要。"没有高度的文化自信，没有文化的繁荣兴盛，就没有中华民族伟大复兴。"在新时代高校育人机制的构建过程中，高校工作者要积极挖掘我国自身文化所具备的内在价值与力量，始终将文化自信的培育目标作为新时代高校育人的核心理念。从中华优秀传统文化、红色革命文化、社会主义先进文化这三方面着手，取其精华之处，如中华优秀传统文化中的仁、义、礼、智、信等思想；红色革命文化中为革命前赴后继、英勇奋斗的大无畏精神；以及社会主义先进文化中的社会主义核心价值理念等。这些宝贵的文化都将融入高校育人过程中，这将是新时代高校育人机制构建所遵循的根本。

新时代高校要在育人的思想观念上实现文化自信的高度融合。高校在进行育人工作的过程中要始终以马克思主义为指导，利用中华优秀传统文化、红色革命文化、社会主义先进文化去引导学生、教育学生，并积极引导广大师生做社会主义核心价值观的坚定信仰者、积极传播者、模范践行者。与此同时，就高校本身而言，高校教育的本质就是用一种正确的意识形态去引导学生受众的过程，以一种符合时代发展的思想来引领大学生的文化活动。从文化自信的角度出发，高校育人工作在教育观念上应有所变革，要实现思想引领与以文化人相结合。实现新时代高校以文育人目标，使得文化自信在高校育人工作中得到回归，不仅需要在育人机制的构建过程中找到动力源头，更需要历史依据与现实价值去支撑新时代高校育人的实践工作。

高校要在育人机制构建过程中做到对文化自信的精准契合。由于文化的本质属性，文化总是以一种潜移默化的方式实现对人们思想与行为的影响。高校在构建育人机制的过程中要做到对文化自信的精准契合，最为重要的就是要把对人的教化渗

透到生活的细节之中，通过润物细无声的方式使学生受众接受正确的文化观与价值观。高校教育工作者在进行育人机制构建过程中，要始终自觉自主地将文化自信的宗旨灌输其中，积极调动广大师生对于中华优秀传统文化、红色革命文化、社会主义先进文化的热爱，激发教育者和教育对象充分发挥自己的主观能动性与积极性，激发他们的积极性去自主自觉地参与到育人工作的全过程之中。

新时代高校在构建育人机制的过程中要做到教育环境与文化环境的有机结合。高校育人工作作为社会实践活动的一种形式，育人工作总是要在一定的环境之下进行。高校育人工作始终是以教育环境作为主要环境，不要忽视了文化这个大背景，文化总是在潜移默化过程中影响着人们的思想与行为。那么，高校以文化自信为视角，就在一定程度上弥补了育人工作的盲目性，在育人过程中既重视教育环境的建设，又重视文化自信的培育。高校育人机制的构建要有效融入各种文艺形式和文化作品去感染学生，通过一些优秀的文艺作品去影响学生，通过合理的育人机制帮助学生树立正确的世界观与价值观。新时代以文化自信为视域的育人机制的构建就显得尤为重要，由此可见文化自信也是新时期开展高校育人工作的出发点。

（三）凝聚以文化人工作队伍，以发挥合力育人为着力点

新时代高校教育者工作者要深入凝聚校内外育人力量、整合课内外教育资源构建合力育人机制，坚持全员全程全方位育人的要求，凝聚工作队伍，以发挥合力育人为高校育人机制的着力点。近几年，随着党和国家对高校育人工作的不断重视，我国高校育人工作取得了进一步的进步与完善，育人效果也是有目共睹的。然而，值得关注的是，当前高校育人工作还存在一些问题，有待高校工作者去改善、去增进。比如：高校相关部门之间缺乏积极的沟通与配合、课堂与校园文化建设没能很好地接洽、学校、家庭、社会三者之间尚未形成协同育人的局面等。针对现存的这些问题，高校一定要重视起来并提出一系列行之有效的措施，使得高校育人机制的合力得以充分构建，以此来实现1+1>2的育人效果。

高校要做积极整合与优化育人工作队伍，充分利用高校教育资源积极发挥合力育人效果。首先，高校在进行育人工作的过程中，最重要的就是要加强不同部门之间的参与度，最大化地整合多方面的育人资源，实现合理育人的效果。通过多角度、全方位来开展育人工作，特别是对于中央指定的方针政策，高校要集中各个部门来贯彻与学习，通过中央、地方、高校之间的通力合作来整合优化高校教育资源，及时地将最新的教育信息学习好、贯彻好，并用最有效的育人手段将教育信息传授给学生们。与此同时，高校要构建学校、家庭、社会"三位一体"的合力育人体系，通过与家长之间的沟通座谈、社会实践、产学研的紧密结合来高校育人方式，从整体上推进高校合力育人能力。

（四）强化文化自信落实能力，以实践育人目标为落脚点

习近平总书记指出："要重视和加强第二课堂建设，重视实践育人，把教育同生产劳动和社会实践相结合，广泛开展各类社会实践，让学生在亲身参与中认识国情、了解社会，受教育、长才干。"就我国目前高校实践育人的现状来看，大部分高校都比较重视理论与实践相结合的重要性。然而，有一部分高校由于受到经济条件的限制，使得高校在落实实践教育方面还存在一些不足与欠缺。比如：对于高校实践育人活动缺乏合理的统筹与管理、相关实践活动的开展并无新意、实践活动的开展只强调宣传而忽视收获等问题。对于这些问题的产生，都是高校在构建实践育人过程中所需要思考的问题。

实践的观点是马克思主义哲学的主要观点。高校在强化实践能力的过程中，一定要积极利用马克思主义关于实践的重要理论进行相关教育，将马克思主义的实践观作为高校实践育人机制构建的有效依据。与此同时，高校还要做到理论与实践相结合，做到学以致用。一方面，高校要将课堂上的理论知识与生活中的实践相结合，积极培养学生的理论实际应用能力。另一方面，高校育人工作者要让学生意识到认识世界的最终目的是改变世界。纸上得来终觉浅，我们要将课堂中所学到的知识积极运用到实际的生活中去，通过学习到的知识来改变生活现状，扎实的实践活动同样也可以检验自己所习得的知识是否是正确且有效。因为，认识来源于实践，认识能够指导实践，同样的实践也是检验认识正确与否的标志。

（五）注重以文育人组织保障，以规范制度管理为支撑点

制度是一种规范，高校育人工作的开展同样也需要制度规范。"制度能够保障管理者规范地管理，教育者认真负责地施教，受教育者努力地学习，形成思想政治教育的和谐局面。高校在构建育人机制的过程中，保障机制的构建起到十分重要的作用。保障机制对新时代文化自信视域下高校育人机制构建起到积极保障作用，保障高校各个要素之间更好地相互作用，相互影响。高校保障机制是一个复杂的系统，其中最为重要的就是组织保障，全面而有效的组织保障是高校实现育人机制构建的重要一步。党中央明确规定，高校党委要肩负起高校育人工作的主要职责，高校各个机构与组织在进行育人的过程中，必须建立起一个以党组织为领导、专职政工干部为骨干、行政干部为基础和群众团体共同参与的高校育人工作新体系，形成党政工团齐抓共管、多管齐下的立体式的组织育人体制。与此同时，各单位各部门都要有相关领导专门负责组织文化自信培育工作的相关部门，切实负担起相关的责任，并且要齐抓共管，形成育人合力。所以，高校要健全组织保障机制不仅要以自上而下的方式去实施，在这个过程中更要充分发挥每个基层部门的积极性，有效发挥各个部门之间的合力优势来完善育人组织保障制度。一方面，高校各级领导都要充分认识育人工作的重要性，继续坚持"教育为本，德育为先"的总体性原则。高校育

人机制的构建要始终坚持高校党委的统一领导，将高校党政作为第一领导，并完成自上而下的政策制定，使得各院系的辅导员、班主任以及相关行政人员做到层层落实。另一方面，随着时代的发展，高校要将各个组织保障部门发挥各自优势，通过有效整合、调整与规范，将各个部门的育人功能发挥到最大化。与此同时，新时代高校育人机制的构建更要完善高校组织保障工作，使得高校组织保障工作更具针对性。

第三节　新时代文化自信视域下的高校育人机制构建

新时代文化自信视域下高校育人机制的构建要分别从以下六个方面来实现。即以构建导向育人机制为引领、教学育人机制为重点、实践育人机制为目标、文化育人机制为核心、网络育人机制为格局、保障育人机制为关键这几部分之间相互联系做到整合优化，从而共同助力于新时代高校大学生文化自信心的培育。

一、树立以文化自信为引领的导向育人机制，引领思想行动的"总开关"

新时代构建高校育人机制是一项系统的、持续的、长期的工程。高校育人机制能否快速、健康、协调、和谐的运行，关键在于导向机制的构建与创新，在于积极探索并不断创新出一整套合理且高效的导向育人机制。

（一）高校育人机制的构建要坚持党对高校的领导

意识形态决定着一个政党、一个民族、一个国家的生存与发展，代表着一个国家文化的核心与灵魂。文化本身就是一种力量，知识就是力量，文化是意识形态话语权的一种直接资源，它是高校构建育人机制最有效的内在支撑力。马克思曾说过："如果从观念上来考察，那么一定的意识形态的解体足以使整个时代覆灭。"苏联亡党亡国的历史和现实就是一面镜子，一个政权的颠覆最初的萌芽就是意识形态领域的瓦解。习近平总书记指出："宣传思想工作就是要巩固马克思主义在意识形态领域的指导地位，巩固全党全国人民团结奋斗的共同思想基础。面对当前纷繁复杂的国际形势，特别是面对西方意识形态的入侵，人们的价值观念处于多元多样多变的状态。为了强化新一代青年意识形态培育，高校首要任务就是要不断加强党对意识形态工作的全面领导，牢牢掌握意识形态工作领域的领导权。高校教育工作者要使新一代青年学生在理想信念、价值理念、道德观念上紧紧团结在一起。与此同时，新时代高校在进行育人机制的构建过程中，可以尝试多种方式与方法，将意识形态培育工作融入其中。高校意识形态教育不仅要在大学课堂上作为主要内容，更将意识形态教育渗透到校园文化、主流媒体以及日常生活中去，通过这种潜移默化的方式教化新时代青年，要让他们明白意识形态教育的重要性。新时代高校在构建育人机制过程中强化意识形态主导权是任何育人内容都无法替代的，务必十分重视。

（二）局校育人机制的构建要以马克思主义为指导

习近平总书记强调，高校育人工作实际上是为学生答疑解惑的过程，宏观上回答了培养什么样的人、如何培养人以及为谁培养人的问题，微观上则是教会学生如何实现做人、做事、做学问的过程。现如今，新时代大学生普遍都是"95后"，他们积极进取、思维活跃、朝气蓬勃。同时，在面对如此纷繁复杂的世界时，他们则表现出了不够成熟的一面，在他们尚未形成正确世界观、价值观、人生观的过程中，高校作为意识形态培育的主阵地具有义不容辞的义务与责任，要实现高校育人导向作用，引领思想行动的"总开关"，其首要任务就是要坚持马克思主义思想，用习近平新时代中国特色社会主义思想来引领高校大学生的思想，为新时代高校大学生奠定科学的思想基础。

恩格斯曾说过："马克思的整个世界观不是教义，而是方法。它提供的不是现成的教条，而是进一步研究的出发点和供这种研究使用的方法。"由此可见，马克思主义最鲜明的特点就在于它的实践性，它最为重要的品格不在于"解释世界"，而是积极地致力于"改变世界"。回顾中国社会主义革命、建设、改革过程中，我们党始终将马克思主义与中国具体实际紧密结合，产生了毛泽东思想、邓小平理论、"三个代表"重要思想、科学发展观、习近平新时代中国特色社会主义思想重大理论成果，并指导党和人民取得了一个又一个的伟大成就。新时代的今天，高校育人工作者也要始终将马克思主义作为我们立党立校的根本指导思想，为新时代高校增添时代底色。新时代高校育人工作要始终坚持以马克思主义为指导，运用科学的育人方式将马克思主义思想落实到学生的学习与生活中，要始终在学懂、弄通、做实上下功夫。新时代高校要始终将马克思主义思想与中国特色社会主义相结合，针对育人过程中所出现的新问题做到积极实践，从而得出新的育人理论，创新育人方式。与此同时，高校也要重视马克思主义理论一级学科建设，努力培养一批立场坚定、功底扎实、经验丰富的马克思主义学者，为高校育人工作提供坚实的学科支撑、理论支撑和队伍支撑。新时代高校要始终重视培育马克思主义信仰者、实践者、传播者，坚定社会主义办学方向，为新时代青年学生奠定成长成才的思想基础。

（三）高校育人机制的构建要坚持社会主义办学方向

新时代的今天，高校育人工作要始终围绕这一问题展开，即培养什么样的人、如何培养人、以及为谁培养人的问题。高校作为多种思想、多元文化、多样思潮交汇的前沿阵地，其自身具备着特殊的舆论导向作用。所以，新时代高校要坚持社会主义办学方向，回答好为谁培养人、以及怎样培养人的问题就显得十分重要。随着经济的快速发展，面对不同意识形态所产生的不同声音，如何在复杂且多元的意识形态背景下，回答好"培养什么样的人、如何培养人、为谁培养人""如何认识青年学生、如何教育引领青年学生、如何发挥青年学生作用"等一系列重大问题，这不仅是高校在育人过程中所要回答的，也是高校在育人机制的构建过程中所要坚持的基本方向。回顾我国高校的发展，坚持社会主义办学方向始终是我们开展育人工作所必须坚持的基本方向，坚持社会主义办学方向在任何时刻都无法替代。高校在任何一个发展阶段都要牢牢坚持社会主义办学方向，无论是人才培养、科技创新、社会服务、文化传承等方面，社会主义办学方向始终是高校发展的时代底色。在新时代的今天，许多高校在实现"双一流"建设目标过程中，首要任务就是要在新时代牢牢坚持社会主义办学方向，即高校的育人工作要坚持中国共产党的领导，坚持用马克思主义思想指导高校师生，牢牢坚持社会主义办学方向，只有明确我国高校办学的目的与任务，即为了谁而开展教育、培育出人才的目的是什么等一系列主要问题，高校育人机制构建的目标才会清晰，高校育人工作的开展才会有的放矢，有所方向。

（四）坚持用习近平新时代中国特色社会主义思想铸魂育人

习近平新时代中国特色社会主义思想作为新时代提纲挈领的重要思想，始终都是现如今高校办学施教所遵循的最根本的思想，起到铸魂育人的重要作用。习近平新时代中国特色社会主义思想中的许多新思想都是目前高校在面对新时代、新条件、新环境下最能解决问题，并引领未来发展的思想。首先，强调青年在新时代下的重要地位。青年作为新时代社会主义接班人与建设者，在高校育人过程中始终占据主导地位，高校育人机制的构建也要始终围绕当代青年展开。高校育人机制的宗旨就是为社会主义事业培育新时代人才，通过机制间的相互协调、相互配合，共同助力于高校育人工作的顺利开展，旨在培育出一批始终拥护中国共产党，立志为新时代中国特色社会主义事业奋斗终身的优秀人才。其次，习近平新时代中国特色社会主义思想始终强调教师的重要作用。构建新时代高校育人机制的重点在教师，只有充分发挥教师在育人过程中的积极性、主动性、创造性，育人的作用才会更好地发挥出来，从而高校育人的效果才会更好地实现。最后，同样也是最为关键的部分，习近平总书记始终强调办好中国教育的关键在党。新时代高校育人机制的构建要将各级党委与相关部门积极联系起来。高校在党的统一领导下要发挥合理育人效果，既要做到顶层设计又要实现基层探索的工作格局。高校党委在育人机制的构建过程中要积极发挥带头作用，将党的路线、方针、政策贯彻好落实好，使得高校育人机制的构建要始终坚持党的领导，找准育人的正确方向。通过在党的正确领导的基础之上，高校育人工作者提出一系列行之有效的育人措施，构建出一套一体化的育人机制，通过不同机制间的相互配合来形成育人合力，从而共同助力于高校育人机制的构建，为新时代培育出一批又一批的时代新青年，共同助力于伟大复兴的中国梦。

（五）高校育人要始终贯彻党的教育方针落实立德树人

习近平总书记提出："要坚持把立德树人作为中心环节，把思想政治工作贯穿教育教学全过程，实现全程育人、全方位育人，努力开创我国高等教育事业发展新局面。"新时代高校作为立德树人的坚强阵地，育人工作则是发挥高校立德树人根本任务的关键所在。新时代高校育人工作要切实按照总书记在会议中的要求，坚持以立德树人为核心。新时代育人工作者要明确方向、树立理念，始终把育人工作与党的方针政策相结合，明确育人方向与目标，努力构建一体化育人新格局，探究多向育人力量，发挥合力育人效果，切实打通新时代大思政育人工作的"最后一公里"。高校工作者应切实提高育人工作水平，坚持德育抓方向、智育重能力，积极引导广大青年奋勇投身新时代、接力建功中国梦的动员令，吹响新时代落实立德树人的根本任务、加快建设教育强国和实现社会主义现代化、建成社会主义现代化强国的冲锋号。从古至今立德树人的思想始终影响着中国社会的发展，影响也是经久不衰，极其深远的。春秋战国时期，鲁国史官左丘明曾在《左传》中提道："太上有立德，其次有立功，其次有立言，虽久不废，此之谓不朽。"这句话中涵盖着立德树人思想的最早形成雏形，它主要是强调一个人的成功最为重要的就是树立高尚的德行，其次才会在事业上建功立业，从而在文学上著书立言。古人以"立德"为首、"立功"次之、"立言"三者共称为"三不朽"，"三不朽"中以"立德"为首的思想更是充分烘托并体现了德育的重要性，新时代赋予新使命，新的社会主要矛盾也决定着新时代中国特色社会主义的发展目标。根据习近平总书记所提出的关于立德树人的重要思想，使得广大教育者明白了立德树人是学校教育的核心理念，也是育人之灵魂。高校教育工作者要增强新时代高校育人工作的实效性，最重要的就是要把立德树人作为育人的根本任务，只有围绕立德树人这一根本任务，新时代育人工作才会有所方向，有所动力。

二、推进以文化自信为重点的教学育人机制，掌握育人方式的"主渠道"

新时代构建以文化自信为重点的教学育人机制是指教师运用言传身教的方式向学生传授经验、体会、方法的教育过程，并以此教育引导学生汲取丰富的科学知识，掌握系统的科学研究方法，旨在培育出一批有本领、有理想的新时代青年。高校要构建全方位、多渠道的教学育人机制，不仅是新时期高等教育发展的内在要求，也是高校寻求改革创新的方式来优化教学育人机制，提高育人的科学性与实效性。

（一）教学育人工作要始终以立德为目标来展开

习近平总书记指出："高校立身之本在于立德树人，立德树人旨在通过思想道德建设促进人才培养，塑造适应时代需要、全面发展的人。"立德树人的核心要求与高校育人的本质规定是一致的。高校育人的本质是通过教化手段来开发学生的潜能，实现他们的价值，将新时代青年塑造成为一个全面发展的人。立德树人与高校育人的共同点就在于都是通过道德教化、精神提升来实现人的全面发展。高校育人工作作为一项系统工程，其中最关键的就是要借助课程体系这一重要抓手来开展高校育人工作。新时代具有新任务，新时代同时也赋予高校工作新的使命与要求。高校课程育人的本质实则是国家意识形态与价值观教育的"有形载体"，是高校实现教育目的与培养目标的重要途径。所以，新时代高校课程育人机制要以立德树人为中心目标来开展工作。一方面，高校在课程标准、内容选择、具体实施、效果测评上，都要始终以党的育人方针政策为指导，在课程育人机制的建设上一定要具有鲜明的价值性，即要始终符合国家、社会以及人民大众的发展需求。另一方面，课程育人作为高校育人工作乃至整个教育体系的重要组成部分，承担着"立德树人"的根本任务。高校在课程设计上要始终将"德"内化到课程育人体系之中，以各类课程为载体来实现育人目的。最后，新时代高校在进行课程育人机制的构建过程中，要做到各门课程间相互配合、相互联系。高校教育工作者要通过合理的分工与配置，彼此协同、相互配合，根据每一门课程的自身特点以及内容呈现方式，来凝聚不同课程间的合力共同实现育人的总体目标。

（二）构建"情感——交往"型课堂融入教学育人机制

相较于传统的教育教学模式而言，"情感——交往"型课堂更具人文情感关怀，旨在构建一种有温度的课堂。传统教育与教学模式主要关注学生知识与技能的传授，从而忽视了受教育者的个人情感。构建"情感——交往"型课堂并不是忽视了专业知识与技能的传授，更深层次上是对于学生情绪与情感的一种关怀，强调知识技能与情绪情感之间的和谐发展。首先，情感作为"情感——交往"型课堂的内在特征与基本目标。在构建"情感——交往"型课堂的过程中，学生受众的情感是课堂教学的首要任务，是其教育性功能的一种体现。由于人的情感体验与其价值观、道德品性、人格魅力养成具有紧密的联系，所以高校要为学生受众的情感发展提供一个安全而又温暖的环境。高校在构建课程育人机制过程中，要尽可能地将每一节课打造成具有维系人全面发展的情感型课堂，从而实现教学、教育融合一体，实现课程育人的真正目的。其次，交往是课程育人构建的重要实质，也是"情感——交往"型课堂的外在表征，更是实现高校育人最基本的途径。高校在开展育人工作的过程中，如果教师与学生之间没有充分交流，再丰富的情感也难以被传递、难以被感知，教育双方之间的情感也很难被培养起来，育人的实效性也会大打折扣。特别是身处于现代信息化的时代，许多人受到网络信息的大量冲击，对于传统课堂教育产生了质疑，人们开始思考学校和教师是否有存在的必要性，网络化课堂是否可以取代现如今的传统课堂教育模式？面对这样的质疑，高校教育工作者应该深思，如若高校传统教育模式不能被取代，其中最重要的就是要大力发挥课堂中教育双方之间的互动性，正是因为人与人面对面的思想与情感交流是不能被人工智能所取代的。所以，新时代高校要构建"情感——交往"型课堂是面对网络化冲击最为有效的方式之一。因此，构建"情感——交往"型课堂使得教育双方相互依赖、相互支持，这样大大提高了教育双方的亲密度，使得高校育人课堂更加深入人心。

（三）构建MOOC与翻转课堂相融合的教学育人机制

习近平总书记指出，"要运用新媒体新技术使工作活起来，推动思想政治工作传统优势同信息技术高度融合，增强时代感和吸引力。"美国斯坦福大学开通了《人工智能导论》网上课程后，MOOC课堂模式就迅速投射到了许多高校之中，搭建了资源共享的教育平台。让教育慕课（MOOC），翻译为"大规模开放的在线课程，提倡的是一种无课堂、无国界、无围墙的新型在线课程开发模式。然而，MOOC课程在实际的教学过程中也存在一些不足之处。如：没有有效地培养学生高阶思维能力、教学模式过于单一、对于学生不同需求划分不够精准等。因此，MOOC课程在一定程度上难以适应高等教育过程中的具体要求。与此同时，随着MOOC进入高等教育领域，翻转课堂教学的内涵也随之发生了改变。新时代高校育人工作探讨如何将MOOC资源引入传统课堂教学，采用翻转课堂教学法，构建MOOC与翻转课堂相融合的教学育人机制成了高校育人机制工作中的一个机遇。正是因为MOOC教学与翻转课堂两者具有同一性、互补性与耦合性，即翻转课堂注重课前在线交流、课堂教学过程的研讨，学生不仅能够拓宽知识领域，又可以增长见闻。所以，高校构建MOOC与翻转课堂相融合的教学育人机制，可以使得学生群体通过线上任选时间段来进行基本知识的学习，同时在线下课堂教学过程中也能够通过专业教师的引导来开展创新性研究探索，实现线上线下的"双互动"式学习方式，从而更好地提升教育效果，增强教育双方的互动性。

（四）构建各类课程与思政课程同向同行的教学育人机制

习近平总书记强调："要把思想政治工作贯穿教育教学全过程，其他各门课都要守好一段渠、种好责任田，使各类课程与思想政治理论课同向同行，形成协同效应。"高校育人的最终目标决不能只依赖于思想政治教育的努力，实现各类课程与思想政治课同向同行，发挥育人合力是构建高校育人机制实现育人目标最有效的途径。一方面，以各类课程与思政课程同向为视角来讲。高校各类课程与思政课程要做到同向行，首先就是各类课程与思想政治课程在指导方针与目标方向上保持同一思想方向。高校各类课程与思想政治教育课程在育人理念上都要牢牢坚持马克思主义的指导方向，明确中国高校的社会主义办学性质，我国高校的培养目标始终都是为社会主义培育人才。高校任何一门课程的教学都要始终坚持正确的思想方向，既要保持自身学科的专业性，同时也要积极贯彻思想政治教育的科学内涵，坚持正确的政治方向，始终要与习近平新时代中国特色社会主义思想保持一致性，坚定正确育人方向不动摇。

另一方面，以各类课程与思政课程同行为视角来讲。高校育人要实现德智并举、又红又专的育人效果，最重要的就是高校要将各门课程与思想政治教育课程相融合，实现思想政治课程与各门课程并驾齐驱的育人过程，发挥各门课程的自身优势，使得新时代青年打好专业知识基础。与此同时，各门课程要始终保持与思想政治教育的一致性，即意识形态领域的一致性。新时代青年不仅要汲取丰富的科学知识，掌握系统的科学研究方法，更要深刻体会育人的深刻内涵，积极贯彻习近平新时代中国特色社会主义思想，做既要有本事，也要有理想的新时代青年。

三、推动以文化自信为目标的实践育人机制，提供练就本领的"大熔炉"

高校实践育人机制是指学生能够将理论与实践相结合，通过实践活动来提升自己的实践能力以及综合素质。新时代扎实推动高校实践育人机制的宗旨就是帮助大学生培养自身爱国情感、创新意识和实践能力，培育全方位全面发展的新时代青年。

（一）构建产学研协同创新的实践育人机制

高校在构建实践育人机制的过程中要重视发挥产学研相结合的育人方式。首先，高校通过构建实践育人机制来与企业建立长久合作联系，为广大学生提供深入企业的机会，使学生不仅是坐在课堂里学习，而是将所学专业与知识运用于实践之中，始终做到理论与实践的充分结合。比如，在日本，高校十分重视工厂见习的作用，每隔一段时间，学校都会组织学生去当地工厂实习，让学生切实体会相关产品的研发与制作过程，让学生从内心深处明白生活与学习是息息相关的，同样也使得育人方式更加多样化与个性化。其次，设立大学生产学研创新创业基金。高校可以针对不同专业，积极把握一些前瞻性较好、科研价值高、发展前景广阔的项目，通过设立相关的创新创业基金来鼓励科研能力较强的教师与工作团队进行相关研究，甚至也可以对一些科研较为突出的学生进行指导，鼓励大学生进行科技发明和创新，通过给予一定的资金支持，协助大学生提升科研水平并取得相关科技发明或专利证书。这种办法不仅增强了大学生对于所研究领域的兴趣与主动性，更进一步大大提升了高校的科研水平。

（二）完善实践育人工作的运行保障机制

新时代高校组织相关专业部门开展实践育人活动固然重要，但高校要完善实践育人工作运行保障机制也将是必不可少。高校要完善实践育人工作的运行保障机制。首先，要积极组织领导，加强责任监管力度。通过有序的组织与一套严格的监管体系来确保实践育人的实效性，实现高校育人的目的。同时，高校实践活动也要注重步骤，实践育人活动要与理论课程紧密联系，为理论与实践的结合创造优良的条件与环境。其次，高校实践育人要加强专业化的师资力量，培养"又红又专"的教师队伍。高校要实现实践育人的目的，教师的引导作用是十分重要的。在进行实践育人的过程中，高校教师要具备专业化实践育人能力，具有较强的解决实际问题的本领，无论是教学还是科研能力，都要充当学生的指导者与领路人。最后，新时代高校要强化与完善实践育人平台的建设，在开展实践育人活动过程中，良好的实践环境和实践平台是实践育人开展最坚实且有力的保障。

（三）创新实践育人考核评价与激励机制

高校实践育人效果发挥程度的大小，取决于一套合理且高效的考核与评价机制。高校在进行实践育人的过程中，教育者与受教育者是实践育人的两个主体。一方面，高校要不断激励广大实践指导教师广泛参与社会实践活动，制定出与之相关的实践育人考核制度与办法，实现多层次、多角度的实践育人评价方式。在考核评价过程中，既要做到定量评价，也要实现定性分析，特别是当前信息技术的迅速发展，高校可以巧妙地借力于先进的科学技术通过"大数据"或是"云计算"来考核社会实践的工作质量，评定出优秀的社会实践工作者与工作团队，在合理评定的基础上对于优秀的成绩给予肯定与奖励，对于相对不足之处给予指导与激励。另一方面，高校在开展实践育人的过程中，社会实践内容的设定是十分重要的一部分，高校教育者要针对现实生活中的热点事例、时事新闻来向受教育者传递科学合理的育人内容，从而有针对性地开展相关实践活动。针对大学生而言，高校教育者可以将志愿者活动、支边支教、科技创新等实践活动纳入学生综合评价机制中，学生可根据自己的爱好来选择与之对应的实践活动，学校也可以通过合理的评价方式对学生进行适当的引导与鼓励。

（四）加强实践创新力度提升实践育人能力

实践创新是新时代高校育人发展的不竭动力，激发实践的创新力度，在构建实践育人机制的过程中能够不断出新，运用不同方式、不同体验、不同环境来进行实践育人工作。高校要找准实践育人创新的动力，鼓励广大师生发挥实践创新，集思广益，搭建广泛平台来深化高校实践教育改革工作。一方面，高校要不断强化与完善实践育人机制，积极构建一批基础知识扎实、技术手段一流、发展前瞻性好的产学研式教学体系，搭建校企合作、工学合作、实践创新等特色平台，在教育过程中要注重培养应用性、创新性人才。

另一方面，简校应大力激发政府、尚校、科研院所和相关企业之间的协同创新能力。亨瑞 埃茨科威兹和罗伊特 雷德斯多夫创立的"三螺旋理论"认为：政府、企业与大学是国家创新体系和经济发展的三大要素，三者联结，可以形成一种彼此重叠、相互作用、紧密合作、互惠互利的"三螺旋"模式。通过这样的合作模式，相关政府可以通过制定一系列政策实现资源整合从而更好地培养高校人才。正是因为学校的科研院与许多企业通过提供人才培养服务来为大学生搭建实践平台，并按照政策要求和市场需求从事育人工作，才能够提供一体化育人工作环境。总而言之，通过各方面育人的相互协作，不仅使得新时代高校实现了科技创新与资源共享的目标，也大大提升了高校产学研协同创新能力，从而促进科技成果的转化，彰显了知识的创新能力与实用价值。

四、深入以文化自信为核心的文化育人机制，构建以文化人的"原动力"

英国哲学家怀特海提出："我们要造就的是既有文化又掌握专门知识的人才。专业知识为他们奠定起步的基础，而文化则像哲学和艺术一样，将他们引向深奥高远之境"。高校育人的目的是让学生学会学习、学会生存、学会做人，能够正确处理好人际关系。文化是民族的血脉，是人民的精神家园。新时代高校是优秀文化传承的重要载体与源泉，培育时代新人增强文化自信是赋予高校始终不变的责任和使命。

（一）融入工匠精神增强文化育人机制中的渗透力

习近平总书记提出，"要激发和保护企业家精神，鼓励更多社会主体投身创新创业。建设知识型、技能型、创新型劳动者大军，弘扬劳模精神和工匠精神，营造劳动光荣的社会风尚和精益求精的敬业风气"。工匠精神不仅十分重视作品的细节处理，在对完美品质的追求上更体现在兢兢业业、一丝不苟与持之以恒的专注态度上。更重要的是，在这个生活节奏日益加快的时代，培育工匠精神是十分重要的，它使得当代大学生拥有"沉""潜"的气质与脚踏实地的干劲，为中华民族的伟大复兴作贡献的决心。

"工匠精神"的培育是提高新时代青年能力的需要。新时代大学生要成为优秀人才，必须要耐得住实践的磨炼。工匠的精神包含着坚持不懈、追求卓越、敢于创新和超越自我的精神，为新时代大学生的发展指明了方向，并具有良好的规范作用。

"工匠精神"的培养是校园文化建设的需求。"工匠精神"所提倡的育人理念与校园文化建设可以融为一体。一方面，工匠精神的培育有助于高校更好地发挥育人功能，树立学校品牌并扩大社会影响力。另一方面，工匠精神的培育也为校园文化带来了更多的生命力和智慧，从而增强高校文化育人机制的趣味性、创新性和有效性。

（二）融入社会主义核心价值观提升文化育人机制的凝聚力

陈先达先生曾提道："有什么样的社会，就会逐步存在并形成与它不可分离的什么样的核心价值。每种社会制度都有自己的核心价值，它是这个社会得以存在的精神支柱，是这个社会从产生到巩固的标志。"由此可见，在社会形态变化的同时与之对应的社会价值观也会发生改变。回顾改革开放40年来，我们国家的综合实力大幅度增强，处在新时代的中国也在新的环境下形成了新时期的社会价值认同，即社会主义核心价值观。在历史与实践证明下，社会主义核心价值观发挥了重要的精神凝聚作用，引领中华儿女抵抗了腐朽文化的影响与侵蚀，为全国人民树立了正确的价值取向。党的十九大报告明确指出："社会主义核心价值观是当代中国精神的集中体现，凝结着全体人民共同的价值追求。要以培养担当民族复兴大任的时代新人为着眼点，把社会主义核心价值观融入社会发展各方面，转化为人们的情感认同和行为习惯。"有学者指出："培育和践行社会主义核心价值观关系着我国公民的价值取向和中国特色社会主义的发展方向，是实现中华民族伟大复兴中国梦的精神动力和思想基础。"所以，社会主义核心价值观是新时代凝心聚力的重要力量，也是中国梦实现的重要前提。

新时代大学生作为中国特色社会主义事业的建设者与接班人，培育大学生正确的价值观念对于中国未来的发展起着决定性的作用。确立新时代大学生社会主义核心价值观，是当前高校育人工作的重要任务。但是由于当前经济的快速发展，各种外来文化冲击着大学生的思想观念，影响着大学生对于社会主义核心价值观的认同感，同样的还存在着价值观教育中的种种问题。因此，新时代高校要厘清产生社会主义核心价值观认同的内在心理机制和外在实现条件，将社会主义核心价值观融入文化育人机制之中，提高新时代大学生的价值认同，这也始终是我国新时代教育事业的重要议题。

社会主义核心价值观融入高校文化育人机制之中是一项系统工程，并不能一蹴而就，这需要高校工作者做好各项建设、抓好各方面的工作，一方面要做好整体规划，另一方面又要加强局部建设，建立一个环环相扣的、严谨科学的、影响深远的体系来促进社会主义核心价值观融入文化育人机制之中。正如习近平总书记所说的一种价值观要真正发挥作用，必须融入社会生活，让人们在实践中感知它、领悟它。"#只有通过社会生活与实践使社会主义核心价值观像空气一样无所不在、无时不有，才能使大学生真正做到内化于心、外化于行的效果，使社会主义核心价值观成为人们日常工作与生活的基本遵循。

（三）融入中华优秀传统文化强化文化育人机制的引导力

中国拥有着独特的历史、独特的文化、独特的国情，这决定了我国的教育事业也要必须走符合自身特点的发展道路，在传统文化深厚的基础上扎实办好中国特色社会主义高校。回顾历史，我们发现5000年中华文明孕育并形成了中华民族讲仁义、重民本、守诚信、崇正义、尚和合、求大同的优秀文化传统和共同价值观。"正是这种优秀文化传统的魅力才赋予了中华民族强大的生命力、凝聚力和创造力，使之成为世界上唯一一个连绵数千年而不衰也从未间断的灿烂文明，使中华民族成为西方人所感叹和羡慕的"唯独一个打不烂、冲不散的整体。"习近平总书记指出："培育和弘扬社会主义核心价值观必须立足中华优秀传统文化。牢固的核心价值观，都有其固有的根本。抛弃传统、丢掉根本，就等于割断了自己的精神命脉。"教育事业作为新时代文化传承关键所在，高校育人工作不仅担负着传播马克思主义思想理论的重要任务，同时也肩负着中华优秀传统文化的继承与创新，高校育人机制的构建必须要在中华优秀传统文化的基础上实现创新与发展，更要在传统文化中赋予新的时代内涵与风采。

高校将中华优秀传统文化有效融入高校文化育人机制之中，借助优秀传统文化蕴含的民族文化心理，在教育者与受教育者之间搭建以文化人的共通桥梁，通过有效的文化育人机制来增强文化的感染力与影响力，从而提升高校育人的有效性。那么，高校如何将中华优秀传统文化有效地融入高校文化育人机制之中呢？首先，高校文化育人机制的构建要提供多样性的平台，引导大学生掌握中华优秀传统文化中的精髓部分，通过日常生活与学习来增强文化自觉与文化自信。高校文化育人机制构建的关键就是要为当代大学生提供接触与吸收文化的土壤。同样的，这也使得中华优秀传统文化让更多人得以了解与学习，使得中华优秀传统文化得以走向世界，传播得更加深远。其次，高校文化育人机制的构建要充分考虑高校思想政治理论课教学内容与中华优秀传统文化的融合。例如，在思想政治教育这门课程中，可以围绕中华优秀传统文化中对现代法治与德治之间的辩证关系进行相关专题教育等。再次，将中华优秀传统文化有效融入高校文化育人机制之中，坚决不能忽视实践这一重要环节，高校文化育人机制只有经受住实践的检验，育人效果才会有所保证。例如：高校要积极鼓励大学生去参加各种文化实践活动，通过接触不同的人，面对不同的事情来进行文化自信心的培养与锻炼。除此之外，高校还可以组织大学生开展不同形式的文化实践比赛，通过多种多样的形式来丰富大学生的生活与学习，也为弘扬中华优秀传统文化奠定基础。总之，高校在文化育人机制的构建过程中，要始终将优秀传统文化的精髓不断内化为大学生为人处世的行动指南，将优秀传统文化中的积极思想贯彻到生活与学习中去，通过身体力行的育人方式来实现高校文化育人的最终目的。最后，将中华优秀传统文化有效融入高校文化育人机制之中，不仅可以有效地加深对中华优秀传统文化深层价值理念与现代意义的挖掘，还可以利用好中华优秀传统文化的精髓来指导生活与学习。通过文化育人机制的构建使得新时代高校能够更好地用好中国智慧，讲好中国故事，把中华优秀传统文化的精髓讲到大学生的"心坎上"，做到又入脑又入心，从根本上树立起新时代大学生的文化自信心与民族自豪感。

（四）融入优秀革命精神增强文化育人机制中的感染力

在中国共产党领导人民革命和建设的实践中，产生了优秀革命文化。革命文化的产生一方面汲取了中华优秀传统文化的精髓，另一方面又凝聚了中国共产党人在领导革命时所具有的精神风貌与品质。回顾革命历史，我们能够清晰地认识到革命文化所蕴含的革命精神既是社会主义先进文化的主要来源，又是中华优秀传统文化的重要组成部分。新时代高校文化育人机制的构建要始终以革命精神教育为中心，在文化育人机制构建的过程中有效融入五四精神、长征精神、以及延安精神等，使得广大师生无论是在教育还是受教育的过程中都深受革命精神的鼓舞与熏陶。无论是社会价值还是个人价值的实现，都永远离不开宝贵的革命精神。将优秀革命精神中的理想与信念融入高校文化育人机制之中，不仅是文化自信的体现，更是新时代大学生助力于中华民族伟大复兴中国梦的不竭动力。

新时代高校将优秀革命精神融入文化育人机制中。首先，高校需要深入开展革命文化宣传教育，使革命文化做到"进课堂""进教材""进头脑"。一是要充分发挥高校课程育人的主阵地作用，自然而然地将革命文化精神融入课堂之中，通过基本的教育方式做到润物细无声的渗透教育，使得新时代大学生更多地了解革命历史，吸收革命文化。其次，高校文化育人机制的构建要注重创新方式，实现与时俱进。其中最重要的是要遵循育人的基本规律，掌握教书育人规律，发现学生成长规律，从而在育人方式上实现创新。高校要有效转变育人路径与模式来引导高校育人工作与革命文化相结合。最后，高校应发挥合力育人优势，积极引导革命文化与其他课程相结合产生育人合力，推动"思政课程"到"课程思政"的转变，使得广大学生更多地接触并挖掘革命文化精神，增强学生的精神归属感和文化认同，从而把革命精神转化为学习动力，增强学生对革命文化的自信心。与此同时，新时代高校将优秀革命精神融入文化育人机制要突出实践的作用，优化传承和弘扬革命文化的外化途径。一方面，高校要注重实践教学，发挥革命文化教育的固本铸魂的作用，要积极借力于重大纪念日，如"五四"青年节、国庆节等重要时刻，对大学生开展针对性的革命文化实践教育活动。这样就会使得新时代大学生能够深刻体验过去的那一段历史，感同身受般地接受革命文化精神的熏陶，并从根本上激发出大学生的爱国热情与情怀。另一方面，高校要重视革命文化实践基地的建设，这对新时代高校人才培养起到积极推动的作用。新时代高校只有打造好实践教学基地这一重要载体，革命文化教育才能够更好地开展下去，新时代文化自信的培育才会做到实事求是，经得起更多的考验。

五、创新以文化自信为格局的网络育人机制，推动创新意识"新引擎"

新时代青年已经步入了崭新的网络时代，高校育人机制的构建要切实增强社会主义意识形态的凝聚力，就必须科学合理地利用网络传播手段，使网络这一最大变量成为高校育人工作的最大增量。党的十九大报告提出"要善于运用互联网技术和信息化手段开展工作"。对于新时代高校育人机制的构建而言，就必须要利用好网络这一重要工具，构建更加科学的高校网络育人机制，切实为高校育人工作增添时代新底色。

（一）构建"自主交流型"的网络育人互动机制

根据"网络工具论"的理论来源，网络被作为育人载体已被越来越多的教育工作者所肯定与认同，依托网络平台开展育人工作，并在育人过程中使得育人工作更具平等性、互动性、灵活性，这样就大大提升了育人的效果。相较于传统的育人方式而言，借助于网络育人的思维其实是更加强调了人人平等的原则，即在网络教育过程中教育双方是平等的。这种强调平等性的育人思维，主要源自互联网自身的特点，由于互联网扩散的、自主化的特点，使得受众之间完全处于平等的交流互动状态。这种由互联网自身特点所营造自由而平等的人际交往模式，使得它可以更好地融入教育过程之中，在育人机制构建下形成一种"自主交流型"的社群育人体系，为自由化的网络育人机制构建提供了条件和可能。

习近平总书记指出："青年是标志时代最灵敏的晴雨表。"改革开放40年以来，随着我国社会的发展和历史的变迁，大学生群体的思想观念发生了许多变化。马克思主义唯物史观认为："人们的观念、观点和概念，一句话，人们的意识，随着人们的生活条件、人们的社会关系、人们的社会存在的改变而变更。"改革开放使得世界与中国的关系更加紧密，当代大学生们的思想受到了政治、经济以及文化的影响。这些变化直接影响着大学生的处事态度与行为选择，由于"95后"大学生个性张扬，独立自主，勇于创新，富于挑战的心理特点，他们在一定程度上依赖网络，畏惧现实交往，行为常带有功利性色彩。所以新时代高校教育工作者要充分了解"95后"大学生的思想与行为特性，针对这种现象，构建有效的工作模式。随着网络的出现就大大缓解了高校在育人过程中的一些问题，大学生们可以通过网络形成"自主交流型"的网络育人社群体系来学习知识技能、交流经验、分享心得体会，还可以通过QQ、微信、微博等即时通信工具表达自己的意愿、参与活动，获得不同于传统教育方式的参与互动体验。

高校育人机制的构建要始终遵循互联网平等性这一特点，发现并解决目前高校在育人过程中出现的种种问题。比如：教育者高高在上的现象、学生处于被动的地位、课堂上处于"一言堂"等现象。新时代高校教育工作者要尝试改善这种育人模式，通过互联网的平等性原则来构建教育双方平等互动的模式，营造出教育者与受教育者之间相互平等的育人氛围。通过互联网这一有效平台来鼓励学生受众结合自身的兴趣爱好，积极发挥自身的能动性与自主性，通过自主平等交流的方式来激发自己的潜能去学习更多的知识去投身实践，锻炼自己。总之，新时代高校要完善"自主交流型"的网络育人机制，做到润物无声般春风化雨地对新时代大学生群体进行教化与影响。

（二）构建"自我教育"与"朋辈教育"相融合的网络育人机制

高校育人过程其实就是教育双方共创、共享教育精神的一个双向互动过程，在这一过程中十分注重教育主客体自身的主动性和积极性，同时也强调教育主客体之间的互动性。十分巧合的是，互联网本身就具有"互动性"这一重要特征，高校教育如果能够有效借力于网络这一工具，实现育人的双向互动达到共享、共振、共鸣的育人效果，高校育人就会实现事半功倍的整体效果。新时代大学生正处于身心发展完善的重要阶段，教育实践证明，文化环境和教育方式会对大学生人格、理想及价值观的形成产生极为重要的影响。互联网作为新时期育人的重要载体之一，在教育过程中扮演着重要的角色，对于教育者的人格塑造以及价值观的形成有着深远的影响。不少学者指出："网络为青年积极主动参与政治提供了平台，青年在网络政治参与的过程中，其思想和行为会经常受到'意见领袖'的影响"。由此可见，灌输式的说服教育，单纯的、压迫性的鼓励与号召，会使高校育人效果大打折扣。因此，高校教育工作者要将教育者与受教育者放在平等的位置上，借助于网络平台为教师与学生受众构建一种平等的对话模式，提供教育双方沟通与交流的机会，并积极发挥"自我教育"与"朋辈教育"相互融合的影响力，积极改变传统教育以说教灌输的育人方式，借力于网络平台发挥"自我教育"与"朋辈教育"的积极作用。

高校在构建"自我教育"与"朋辈教育"融合的网络育人模式的过程中，高校教育工作者要紧跟学生所关注的热点问题，善于观察学生受教育的反馈情况，要利用好互联网这一平台，去积极接触并发现不同学生的自身特点与个人价值，尽可能多的创造朋辈教育的育人机会。在新时代互联网迅速发展的势头下，顺势而为，运用新技术来加大教育宣传力度，拉近教育双方心与心的距离，从而有针对性地开展高校育人工作，引导积极向上的主流舆论。

（三）打造良好的"育人生态"完善网络育人机制的新环境

由于互联网自身所独具的开放性特点，使得信息资源能够在网络上快速地传播与共享。"互联网的开放性加速了信息资源和教育资源的共享育人过程，通过多种不同手段将互联网思维的"开放性"引入育人各个环节，将更多的资源整合为全方位的、无边界的育人平台，打造一个没有边界的"育人生态。"这种无边界的育人状态使得高校工作者身份可以随时切换，无论是教育者还是受教育者，他们都可以通过网络平台来接收与发布信息，任何人既可以是信息的生产者又可以是信息的传播者。

如何去优化这种无边界的网络"育人生态"新环境，最重要的就是要实现汇聚校内外优质育人资源，打破高校各个学科与专业之间的壁垒，构建协调的高校网络育人新机制。就目前育人现状可以发现当前许多高校的各个组织机构之间存在着界限分明，各个学科与各个专业之间缺少一定的互通性与相容性，普遍存在一种"沉默的螺旋"现象。正是由于缺乏一定的沟通与互动，就会使得高校中各个组织、各个学科之间很难实现资源相互共享，跨学科研究的现象就更是少之又少。所以，新时代高校想要打破这种"沉默的螺旋"现象，就必须以育人机制的构建为着力点，利用互联网的优势来搭建学科之间互动的桥梁，打破当前各个学科之间沉默的状态。首先，高校要积极调动各个学科之间的积极性，组建学科与学科之间的跨学科研究中心，最大程度做到资源共享与开发，借助网络的力量来构建网络育人机制，从而完善并优化"育人生态"，构建网络育人新环境。其次，高校教育工作者要利用自身的学科优势，将所学理论融入相关企业与行业之中，通过互联网来构建合作开放型的育人平台，打破高校与各个企业、行业之间的资源壁垒状态，充分开发和利用各种育人资源与渠道，优化网络协同育人机制。最后，高校要善于借力于先进的互联网技术，让更多教育资源通过互联网融入育人生态系统中去，为学生提供更多的教育资源，从而提高高校网络育人的实效性与影响力。

（四）推动"单向通行"向"交互参与"升级的网络育人机制

在新媒体技术环境下，互联网具有高强度的交互性和参与性的特点，使得传播渠道与路径进一步地被放大。在网络上出现的一个新话题与新理念，能够在极短的时间内得到广泛的传播并受到无差别的观点评论与扩散。这样一种迅速且集中的过程就是互联网"合作性"特点的最好的诠释。正是由于互联网自身"合作性"的特点，才使得高校在构建育人过程中可以改变多年来滞后的育人方式，即自上而下的机械化"单向通行"的传统育人方式。这种传统的育人模式使得学生受众通常处于一种被动的接受状态，教育双方缺乏沟通与互动，受教育者很难将自己的所思所想回馈于教育者。同时，教育者本身也处于一种主动且尴尬的地位，这就使得教育工作者无法有效地将教育内容传递到学生群体之中，并在一定程度上影响了高效育人的效果，使得高校育人工作事倍功半。

高校育人工作者要积极借力于网络，实现育人方式由"单向通行"向"交互参与"的升级，通过互联网来构建一种合作性的育人机制。针对"95后"大学生的时代特征、行为特点、兴趣爱好等，高校教育工作者可以通过微信、微博、短视频等多种形式与渠道为学生群体提供相关的教育内容。与此同时，由于互联网的参与性与交互性，使得广大学生可以在获得信息的同时，随时将自己的意愿和想法表达出来。高校可以在互联网思维的帮助下，通过"交互参与"的方式来构建高效网络育人机制，积极调动身处这一体系中的大学生真正参与到这项工作中去，调动学生群体去关注相关公众号、浏览相关推送信息并积极参与讨论相关话题，提高学生的主动性，把学生受众作为育人工作的着力点，以"交互参与"的方式将每一个学生的个体间传播转化为自发的"交互参与"状态。正是由于互联网所独具的平等性、开放性、互动性等特点，才会使得新时代高校网络育人机制的创新在实践探索中得到进一步的提升与完善，同样也进一步充实了网络的育人功能，从而实现网络育人机制由"单向通行"向"交互参与"的优化升级。

六、发挥以文化自信为关键的保障育人机制，强化机制运行的"助推器"

习近平总书记强调："各级党委要把高校思想政治工作摆在重要位置，加强领导和指导，形成党委统一领导、各部门各方面齐抓共管的工作格局。"高校要确保育人工作的顺利进行，保障育人机制的构建是不可忽视的重要部分。高校育人的最终目的就是为国家、社会培育出全面发展的新时代优秀人才，这一目标的实现则有赖于高校育人机制的有效运行，高校育人机制能否顺利运行就是依靠强有力的保障机制。所以，构建一套完善的育人保障机制是实现新时代高校育人工作的关键。

（一）加强党的领导是构建保障育人机制的根本

坚持党的领导是构建保障育人机制的根本。加强党对高校育人工作的全面领导，是实现文化自信视域下高校育人的根本保障。高校各级党委要把育人机制的构建重视起来，高校党政人员要将文化自信的培育作为中心并熟悉育人的各个环节。高校保障育人机制的顺利运行必须坚持党的领导，才能确保保障育人工作的顺利进行。高校育人机制的构建必须要坚持正确的育人方向，坚持党的正确领导是确保高校进行党的路线方针以及政策贯彻落实的基础，同样也是新时代高校培养社会主义事业建设者与接班人的坚强后盾。高校始终坚持党的领导，以党的领导为方向来开展相关育人工作，通过优化保障育人机制，改进育人工作的方式与方法。新时代高校要积极主动地将党的领导方针落实到教学育人工作之中，高校育人工作者不仅要积极引导党员发挥模范带头作用，更要在学生群体中调动广大党员青年学生，使他们永远保持清醒的政治定力与认识，并始终拥有文化自信心与民族自豪感，带领新时代青年高举中国特色社会主义伟大旗帜，永远不忘初心跟党走，为实现中华民族伟大复兴的中国梦而不懈奋斗。

（二）物质与制度保障是局校育人机制构建的如提

高校育人机制的构建要始终以丰富的物质保障为起点。无论是导向育人、教学育人还是实践育人机制的构建都需要以物质基础作为机制构建的前提，高校在育人过程中要提供相应的人力、物力去支撑育人机制的构建。高校育人机制的顺利运行一定程度上依靠于经费的支持程度。一方面，当地政府相关部门在进行高校育人机制的构建过程中，必须明确经费投入的重要性，将办学经费花到实处，将教育资源用到点上，最大限度满足学生群体的需求，做到实事求是，坚持用创新多样化的育人方式来实现保障育人的最终目的。良好的基础是育人工作开展的重要前提，以微观的角度来讲，高校教育工作者要根据不同学生的发展需求，在理论教学方面，结合实际状况最大限度地去为学生提供良好的教学平台；在实践与生活中要积极优化学生的生活环境，改善不平衡不充分的学习生活环境，提升学生的幸福感。以宏观的角度来讲，高校应该尽可能地优化校园环境，既保障学生在学校的安全，又为学生提供一个安心舒适的学习与生活环境。正是因为制度作为一种既定的力量对人们的生活实践与社会关系起到规范与制约性的作用，是决定人们社会关系的重要因素。高校育人机制构建的前提是以制度保障为前提的，高校管理制度作为一种特定的规范，其目的在于维护高校教学与生活秩序，保证学生群体在受教育过程中身心全面发展。首先，高校制度的设定要体现新时代文化自信的精神与内涵，制度的构建要以高校保障育人机制为方向，设定与保障育人相适应的相关制度，并将保障育人目标具体细化在各种制度中，积极发挥保障育人合力。其次，高校制度的设定与执行要具备弹性与张力。高校制度的设立要以每个学生的具体情况来分析，做到因材施教、有的放矢的制度化设定。与此同时，高校育人工作者在执行相应制度时，要以学生为中心，将刚性化管理手段转变为柔性化育人方式，始终确立教育者与受教育者之间平等交流，通过合理的育人制度，突出高校保障育人机制的教育取向，发挥制度的保障功能。最后，高校要建立良好的制度环境，即通过有效的组织管理制度与领导体制，借助制度规范来协调育人内部与外部的人际关系，这样才能保证高校保障育人机制的稳定与有效运转。

（三）提升高校育人队伍的专业水平是育人的关键

百年大计，教育为本。教师是立教之本、兴教之源，新时代的今天教师更是承担着为时代培育新人的重要责任。新时代高校保障育人机制构建的关键就是打造一支道德优良、专业化水平高的教师队伍，并以习近平新时代中国特色社会主义思想为引领，能够身体力行地积极践行社会主义核心价值观，无论任何时候都不忘教书育人的荣誉感和责任感。绳短不能汲深井，浅水难以负大舟。高校育人工作是一项专业性很强的工作，高校育人队伍的专业化水平决定了高校育人效果的发挥，同样的构建高校保障育人机制的关键就是要培育出一批具备"四力"的教师团队，即具备脚力、眼力、脑力、笔力的专业能力，努力为新时代打造一支政治过硬、本领高强、求实创新、能打胜仗的育人工作队伍。

首先，高校要加强教师队伍建设，重点放在提升教师素质之上。有好的教师，才有好的教育，高校要在日常工作中重视教师的地位，积极维护教师的权利，不断改善教师的工作条件，让教育工作者能够在良好的环境下完成自己教书育人的任务。其次，高校要加强教师制度建设，无论是课堂上还是平时的生活，都要注重对教师思想素质、行为准则、师德师风的监督。通过构建合理的评价机制把师德师风作为评价一名教师的重要指标之一。在新时代赋予教师新的荣誉感与使命感，积极引导广大教师在育人过程中做到以德立身、以德立学、以德施教、以德育德。最后，高校要着力提升教师业务水平。高校育人效果的发挥最重要的就是要完成为学生传道、授业、解惑的重要任务。高校要积极鼓励教师团队去参加研修培训、学术交流互动、以及重视科研能力的培养，并通过一系列专业化培训体系，设定好培训规划，引导广大教师深刻学习并践行习近平新时代中国特色社会主义思想，通过理论知识来指导实践，从而提高自身的专业水平与道德修养，以社会主义核心价值观为行为准则，严格要求自己，以身作则，努力成为新时代先进思想文化的传播者，为培育社会主义事业建设者和接班人做出巨大贡献。

（四）健全持续发展的长效保障机制是育人重点

没有规矩，不成方圆。高校各个机制的建构是为了更好地明确育人目标，理清育人责任分工、落实育人工作任务。高校育人机制构建能否顺利进行，不仅需要各个育人机制之间的相互配合，更需要一套合理的、稳定的、长效的保障机制。高校长效保障机制的实质就是通过一系列的制度创新与建设来保证高校育人工作能够长期并持续地健康运行。与此同时，高校长效保障机制能否发挥作用，最重要的就是要使高校育人机制中各个要素之间相互联系、相互协调形成各个机制运行的闭环从而产生育人合力，为高校长效保障育人机制的作用发挥提供一个和谐且健康的条件。

首先，新时代高校要健全持续发展的长效保障机制，最重要的就是要构建一套完善的育人评估体系。为了更加深入了解高校育人现状，高校育人工作者要加强对育人教学质量的评估，通过有效的教学评估可以明确育人的目标和思路，提升高校育人工作的科学性。其次，构建合理的育人反馈调节体系也是长效育人机制构建的关键。良好的反馈体系能够使育人工作者更加全面地掌握教育动态、驾驭育人过程、调整育人方案、优化育人结构，保证高校育人目标的顺利实现。那么，在育人过程中针对不同受众的反馈，高校育人工作者也要及时发现问题、有效处理问题，提供多样化平台鼓励学生群体去积极大胆反映，从根本上解决育人过程中的问题。最后，高校要健全激励机制。高校要采取适当的激励措施来激发育人工作者与学生的热情与积极性。一方面，高校要把教学质量同教师的职称晋升、年终考核、评奖评优相互联系起来，有效地提升教育者的教学能力调动教育者的积极性。另一方面，对学生也要采取适当的激励措施，有效地激励学生自觉主动地投身于工作与学习中，这样不仅可以提升受教育者的主观能动性，还可以使得高校长效保障育人机制顺利地运行。

第五章　工匠精神与人才培养

　　研究工匠精神的基本内涵和时代意义、人才培养的社会导向理念、工匠精神与人才培养的应用对接，是研究基于工匠精神的人才培养供给侧结构性改革的基本理论与实践。厘清工匠精神与人才培养的根本目标和人才培养社会导向理念相关的基本内涵、体系框架、逻辑关系和重大意义，是研究工匠精神与人才培养供给侧结构性改革的基点。工匠精神与人才培养是人才培养供给侧结构性改革的基本理论问题。工匠精神作为一种优秀的职业道德文化，它的传承和发展契合了时代发展的需要，具有重要的时代价值与广泛的社会意义。工匠精神与人才培养有着密不可分的相互关系，工匠精神是人才培养社会导向的客观要求，构建现代高技能人才培养体系，适应当前社会经济发展对技能型人才的需求，培养技能型人才的工匠精神，是时代赋予各类型高等教育的历史重任。客观把握人才培养传统思维方式及思维意识，去其糟粕，取其精华，充分认识人才培养根本目标的作用和价值与意义所在，依据社会发展需求科学制定现代创新人才的培养目标，适应时代的发展与需求，将工匠精神与人才培养有机融合在一起，赋予人才培养新的内涵，具有一定的理论价值和实践意义。

第一节　工匠精神的时代意义

　　研究论证工匠精神的时代意义，首先是要深刻理解工匠精神的深刻内涵。工匠精神在学术界还未有明确的定义，其概念可以初步表述为，从业人员的一种职业价值取向和行为表现，与其人生观和价值观紧密相连，是从业过程中对职业的态度和精神理念。具体而言，它是从业人员，对产品精雕细琢、精益求精的理念，是不断地雕琢产品、改善工艺、享受产品升华的过程。工匠精神的精髓在于对品质的追求，其目标则在于打造本行业的精品。工匠精神是一种技能和理念，更是一种敬业精神；工匠精神对人才培养而言，其精神实质就是要保证人才培养质量。人才培养供给侧结构性改革的核心问题是解决人才培养供给与需求的类型结构、层次结构、专业结构矛盾。大力实施人才培养供给侧结构性改革，培养具有工匠精神的新型实用人才，既是高等教育人才培养目标，也是高等教育服务地方经济振兴的首要任务。在当前供给侧结构性改革的大背景下，高等院校的首要任务是以人才培养供给侧结构性改革为引领，加速学校内涵发展，开拓创新"补短板"，为地方经济振兴作出贡献。

一、工匠精神提出的背景

在经济发展新常态下，产业结构的优化升级成为一种必然趋势，中国社会对于经济发展速度的关注逐渐趋于理性，而对于经济发展质量的关注则日趋高涨。在此背景之下，以精益求精为重要特征的工匠精神再次回归大众视野。工匠精神是一个国家永续发展的不竭动力，其独特价值对处于转型期的中国经济社会而言显得尤为珍贵。

（一）工匠精神的历史溯源

工匠精神早在《诗经》中就能追溯到踪迹，《诗经·卫风·淇奥》有语："有匪君子，如切如磋，如琢如磨"，意即君子的自我修养就像加工骨器，切了还要磋；就像加工玉器，琢了还得磨。把对骨器、象牙、玉石的加工形象地描述为"如切如磋""如琢如磨"，这也在孔子的《论语》中得到高度赞赏，朱熹在《论语集注》中解读为"治之已精，而益求其精也"，《庄子》中出现"庖丁解牛，技进乎道"，《尚书》中提到"唯精唯一，允执厥中"，清代著名启蒙思想家魏源曾经也说过"技可进乎道，艺可通乎神"，都体现了古代中国的匠人精神。中国古代工匠在精益求精的基础上匠心独运，创造了令西方国家高山仰止的古代科技文明，展现了中国工匠及其精神的魅力和价值。然而，自公元10世纪以后，中国工匠精神逐渐失落。其原因有三：一是"官本位"思想根深蒂固。在中国社会科举制度下的"万般皆下品，唯有读书高""劳心者治人，劳力者治于人""奇技淫巧君子不为"等传统观念致使工匠的社会地位及其精神难以被认可和推崇，至今仍影响着人们的价值观念和职业选择。二是我国工业化起步晚、起点低。由于快速实现现代化的急切需求，我国在工业化、市场化的发展进程中片面追求规模、速度和利润，表现出急功近利、"集体浮躁"等特点，忽视了工匠精神。三是职业技能教育被轻视。"唯学历论"以及职业教育先天不足、后天发育不良等致使当前工人待遇低、晋升渠道窄、社会地位低，距从业者期盼的尊严工作、体面劳动者尚有距离。

10世纪以前，中外工匠有着相似的历史境遇。但中世纪后的欧洲，在文艺复兴和宗教改革的助推下，人文主义精神与科学精神的复兴和欧洲的技术革新运动极大地提高了工匠的劳动价值和社会地位。崇尚工匠精神成为一种"潜意识"，出色的工匠可以比肩作家、艺术家。西方国家工匠精神得以发展繁荣，其主要原因如下：一是中世纪的宗教改革，推动基督教对劳动者及劳动价值的观念由矮化排斥转向认可崇尚，这是工匠精神得以形成的思想条件，二是城市手工业行会制度发展及技术繁荣是工匠精神得以外化的社会动因；三是实行职业教育国家战略，大力培养高技能人才，这是工匠精神得以形成的技术前提。在20世纪中期，英国剑桥大学著名的科学史家李约瑟曾经有一个"世纪之问"："为什么中国没有诞生近代科学？"中国社会阶层的排位一直是"士农工商"，近千年，工匠精神在中国的失落，这种社会阶层地位排序可能是一个重要的原因，这应该引起我们的反思。

（二）发达国家工匠精神的解读

联合国工业发展组织（UNIDO）发布的《世界制造业竞争力指数》报告显示，全球制造业竞争力位居前四位的依次为日本、德国、美国和韩国。据统计，全球寿命超过200年的企业，日本有3146家，德国有837家，荷兰有222家，法国有196家。为什么超过200年历史的企业会出现在这些国家？为什么这些国家的制造业如此之强大？谜底不难揭晓，这些国家的制造业和企业都有着一个共同的成功密码—工匠精神。正是由于对工匠精神的尊重和坚守，才使得这些国家的制造业蜚声海外、誉满全球。

1.德国的工匠精神

德国是全球第三大经济体、欧洲第一大经济体，一流经济强国。始于美国的全球金融危机波及全球，很多国家的经济受到了巨大冲击，但德国却能独善其身，其发达的制造业功不可没。据统计，德国的制造业为其经济发展贡献率超过2/30由此我们不得不审视是什么让德国有了如此发达的制造业。答案并不出乎我们的意料——工匠精神。德国的工匠精神是一种文化。德国素有"工匠王国"之美誉，德意志民族自古就有重视手工制造、崇拜技术的传统。早在15—16世纪，德国工匠就以技能精湛而著称。16世纪，德国宗教改革家马丁·路德认为："人们无须服从教皇才能得度，依靠自身的辛勤劳动为人们制造出美好的产品也能得到救赎。"19世纪德国作家路德维希·蒂克在小说《青年木匠师傅》中，以木匠莱恩·哈特的口吻表达了对工匠精神的赞美："我总是想让人们的日常用品精致、美观、实用、耐用，这样人们就不用再添置别的东西了，我为此感到荣耀。"这种荣耀是流淌在德国工匠血液之中的。

2.日本的职人文化

从明治维新开始，日本就形成了尊重和推崇技术的"职人文化"。"职人"指的就是工匠，"职人文化"的精髓即是工匠精神。日本的工匠精神表现在"职人"对自己的每一个作品都力求尽善尽美，以自己的优秀作品而自豪和骄傲，将不完美作品视为耻辱。传统的日本"职人"从拜师学艺开始自己的职业生涯，并将从师父那里学到的技能和做人做事的基本准则运用到所从事的事业中去。日本"职人"对高超技艺的追求达到超乎寻常甚至可以说痴迷的程度。他们对自己的技艺要求极为苛刻并为此不厌其烦、不惜代价，但求做到精益求精，完美再完美。日本"职人文化"的精髓可以用两个词来概括，那就是"执着"和"忠诚"。"执着"的意思是说对完美作品和高超技艺的追求永不停止，直到自己满意为止；"忠诚"指的是为所从事的事业倾其一生，绝不改行或放弃。

在日本，技能型人才非常受重视。有关资料显示，日本蓝领工人的平均收入甚至超过白领工人，技术学校毕业生的就业率达到惊人的98%，远远超过大学生。较高的收入和令人尊敬的社会地位，给日本的蓝领工人带来了强烈的职业自豪感。日本的制造业也因此而获得了大批愿意为之献身的年轻后备力量。此外，传统手工艺的传人不仅得到了社会各界的尊重，而且经常见诸媒体。日本建立了"人间国宝"认定制度。政府在全国不定期地选拔认定"人间国宝"，将那些大师级的艺人、工匠，经严格遴选确认后由国家保护起来，并予以雄厚资金的投入，以防止手艺的流失。日本富士电视台还开办了蓝领技术对抗节目——《矛盾》，一方面为各行各业的技术工人提供了展示精湛技艺的舞台，另一方面也为"匠人文化"的传承作出了贡献。

其实日本的"职人文化"并没有太多秘密，也许几个非常简单的词汇就可以概括：敬业、认真、负责、追求极致的品质。但是，一旦"职人文化"得到社会的广泛认可，融入日本人的血液之中，抽象为日本民族的形象"职人文化"，就会转化为蜚声海外的名誉和巨大物质财富，极大地提升了"日本制造"的国际地位和日本人民的民族自信心和自豪感。

（三）我国工匠精神提出的时代背景

同为企业员工，他们文化不同，年龄有别，之所以能在物欲横流的社会匠心筑梦，在于他们都具有爱岗敬业、耐心、专注、坚持、严谨、一丝不苟、精益求精等一系列优异的品质。

我国要从"制造大国"转变为"制造强国"，需要培育和弘扬工匠精神。三十多年的中国企业发展之路出于快速改变状况的动机，企业主要的关注点在效率上，忽视了在产品制造、生产方式和经营管理模式方面下硬功夫。而现在的局面完全不同，在企业竞争、产品竞争白热化的现实面前，粗制滥造的产品不再有市场了，消费者的注意力已从物质本身转到产品的品质上来，而高品质的产品需要有工匠精神才能被制造。这种趋势要求企业必须大力培育工匠精神。

只有出现一大批具有工匠精神的从业者，才能提高产品的整体品质，也只有出现一大批以工匠精神为立业之本的企业，才有可能为具有工匠精神的从业者成长提供条件。随着科技的飞速发展，我们不是去呼吁大家重回传统工匠手艺，而是在新科学技术和制造业产业链支撑下传承工匠所代表的醉心钻研、精益求精、追求完美品质的精神。

二、工匠精神的社会属性

美国当代著名社会学家理查德·桑内特认为："工匠精神就是为了把事情做好而把事情做好的欲望。"科隆大学学者罗多夫将"德式"工匠精神的特点总结为："慢、专、创新"。美国畅销书作家亚力克·福奇认为："只要是有好点子，并努力把它实现的人都可以称之为工匠。工匠并不单指传统意义的手艺人，还包括使用现成技术工具、利用创新精神解决各种问题的发现者和发明家。"

全国人大代表、中联重科董事长詹纯新结合企业发展实践认为："工匠精神是指对每件产品都精雕细琢、精益求精，追求完美和极致；视技术为艺术，既尊重客观规律又敢于创新，拥抱变革，在擅长的领域成为专业精神的代表。"学者王丽媛认为："工匠精神是从业人员对待职业的一种态度和精神理念，其内涵包括精益求精、注重细节、严谨、一丝不苟、耐心、专注、坚持、专业。"徐健认为："工匠精神是指敬业奉献的工作态度、技艺精湛的工作能力、精益求精的工作追求。"王力认为："工匠精神是对工作的执着，对所做的事情和生产的产品精雕细琢、精益求精，追求完美和极致。"

从这些观点中，不难总结出工匠精神具有以下特点：精益求精、追求极致、孜孜不倦、永无止境。工匠精神，从字面的意思来看是指工匠对自己的产品精雕细琢，精益求精，追求完美和极致的价值取向和行为表现，它体现的是一种职业态度和精神理念，核心是对品质的追求。以上看法在总体上描述了工匠精神的一些关键的或重要的特征，并没有相对明确地界定出工匠精神的基本内涵。笔者认为，工匠精神的基本内涵可以从以下三个层面来理解：

（一）思想层面

工匠精神指的是爱岗敬业、无私奉献、甘为孺子牛的精神，是从业人员对工作始终保持认真、负责、热爱的态度和精神理念。爱岗敬业、无私奉献是工匠精神的力量源泉。从这个层面上讲，工匠精神不应当狭义地认为是工人或蓝领才需具备的精神，而是广泛包括各行各业的人在各自工作岗位上应有的价值追求与精神品质。因此，工匠精神是一种全民族的精神，它存在于每一个人身上、心中。

（二）行为层面

工匠精神表现为勇于创新、持续专注、注重细节。我们熟知的大国工匠，个个都是持续专注、敢于开拓创新的推动者。工匠精神所倡导的执着、专注，并不是简单的机械重复或是因循守旧、一成不变，而是强调在原有技术路线上精益求精，在传统技艺基础上不断钻研、革新，在一点一滴的积累中实现技术和工艺创新的过程。它的核心内涵是要不断地钻研、革新以及传承。

（三）目标层面

工匠精神指的是精益求精、追求极致的精神，是努力想要把品质从99%提升到99.99%的精神。工匠精神的目标就是要打造本行业的精品。对于真正的工匠而言，工作不单单是赚钱、养家糊口的工具，更是一种执着坚持、对产品打造精益求精的信仰。对产品每个细节做到极致的欲望、注重工艺的精致化、对产品卓越品质的坚持和追求正是工匠精神的重要体现。

三、工匠精神的几个误区

工匠精神首次被写入政府工作报告中，很快引发了各方热议。浏览各类媒体，关于"什么是工匠精神""中国制造呼唤工匠精神"、探讨为什么需要工匠精神、需要什么样的工匠精神、怎么培养工匠精神之类的评论文频频刊出，从不同角度和层面阐述了工匠精神对于振兴"中国制造"的重要意义。拜读其中的许多篇文章后，在震惊和振奋之余，笔者也隐隐感到，对工匠精神内涵与外延的认识，我们或已走入了误区，须加以澄清，以正视听，避免走弯路。

（一）误区一：工匠精神外延窄化

对于什么是工匠精神，有关部门曾经做了一个调查，或许是受央视节目《大国工匠》的影响，虽然绝大部分被提问者无法完整、明确说明其要义，但是许多人都提到了《大国工匠》中8位传奇工匠用"8双劳动的手"所缔造的神话，有些人甚至对上海飞机制造有限公司高级技师胡双钱的事迹如数家珍。一个零件价值一百多万，以发丝大小的孔径，仅仅依靠双手和传统的铁钻床，便能快捷、精准地将36个孔打好。35年加工数十万个飞机零件，没有出现过一个次品！也许正因为这些大师们的第一次"露脸"让人们惊叹于他们的特殊存在，再联想起周边的劣品成堆，大家油然感慨：中国制造需要工匠精神。

基于这样的逻辑推理，许多人自然便将工匠精神与工艺大师等同起来，顾名思义地认为工匠精神就是工匠身上具有的特殊精神。就连百度百科也把工匠精神定义为："是工匠对自己的产品精雕细琢、精益求精的精神理念。工匠们不断雕琢自己的产品，不断改善自己的工艺，享受着产品在双手中升华的过程。"这样的表述完全基于工匠、基于产品、基于工艺，显然已经将工匠精神的外延窄化了。殊不知，工匠精神不仅仅是指瑞士的手表、德国的机械，还包括日本的企业管理理念，更与中国的庖丁、鲁班、卖油翁等历史悠久、脍炙人口的"工匠"式传奇有关。此外，许多千古流芳的教育名家，也曾用毕生的敬业工作塑造了"教书匠"式的丰碑。由此看来，对于工匠精神的认识，我们确实存在着一些偏颇。

（二）误区二：工匠精神意味着无私奉献，安贫乐道

《大国工匠》中的8位传奇工匠，显然都是央视精挑细选的国宝级代表人物，他们都在各自非常重要的岗位上从事着非常重要的工作。"冰冻三尺非一日之寒，水滴石穿非一日之功。"这些工匠艺高技精，显然不可能一日功成，往往都是几十年的磨炼，才能成就惊世奇功，他们身上都有甘于吃苦、甘耐寂寞的"老黄牛"精神。《大国工匠》的报道，印证了这一普遍规律。

然而，强调工匠精神是否就意味着无私奉献，安贫乐道？如果计较了报酬收入，是否就不具有工匠精神？这些为国家、为企业作出特别贡献的国宝级工匠们，到底能不能在自身待遇的获取上与时俱进、与市场接轨？这是我们迫切需要考虑的国家层面的战略决策。能够在物欲横流的大环境下"坐怀不乱"，确实不可多得，精神可嘉；但若能够劳有所获，付出与收入对等，满怀自豪与自信地体面工作，这些身怀绝技的工匠们，是否会有更多的激情？还以胡双钱为例，平均每周有六天泡在车间里，作为一个一线工人，他没能给家里挣来更多的钱，只是带回了一摞摞的奖状证书。直到一年多前，一家人才从住了十几年的30平方米的老房子里搬了出来，住进了贷款购买的上海宝山区70平方米的新家。反差如此之大的梦想与现实，如何能够安慰工匠大师们的付出？虽有国宝工匠的荣誉称号，却在现实生活面前捉襟见肘，这又如何能激励面临巨大生活压力的年轻一代的追随？常言道，安居才能乐业。衣食无忧才能谈理想、讲奉献，才能静心定气地投入到自己喜爱的工作之中，才有可能成为快乐、执着、卓有成效的"工匠"。

所以，我们迫切需要在全社会形成崇尚工匠精神的良好氛围，解除"工匠"们身份、级别、学历的束缚，根据贡献提高他们的工资待遇，并在住房、医疗、养老等方面予以政策上的倾斜，使他们没有后顾之忧，保证他们耐得住寂寞、受得住诱惑、克服得了困难，真正把从事的工作当作一种事业、一种追求，用毕生精力铸就工匠精神。

（三）误区三：只有职业院校需培养工匠精神

光从字面上看，这样的表述并无过错。众所周知，工匠精神是追求极致的精神，是对职业敬畏、对工作执着、对产品负责的态度，是极度注重细节、不断追求完美和极致的信仰：这样宝贵的职业精神如何培养？自然离不开职业院校开设相应的理论课程进行系统的引导，并在具体的实习操作中强化训练。

可以说，培育工匠精神，职业院校责无旁贷。然而，工匠精神培养更离不开企业的参与，我们更应充分地发挥企业作为育人主体的作用。令人遗憾的是，在工匠精神的传承与培养方面，国内企业做得非常不够，与许多发延国家名企辈出、品牌扎堆相比，我国的长寿企业、百年品牌寥若晨星。全球寿命超过200年的企业，日本有3146家，为全球最多，德国有837家，荷兰有222家，法国有196家。这些企业何以长寿？根本秘诀在于他们非常重视传承宝贵的工匠精神！而我国的工匠精神却失传已久，普遍被"差不多"文化所取代，"差不多就行了"甚至成为车间和作坊之外很多人的生活态度。企业（家）对眼前的利益趋之若鹜，山寨产品漫山遍野，"快挣钱，挣快钱"成为众人心照不宣的追求，鲜有人守得住寂寞、崇尚和维护工匠精神，最终导致"中国制造"难成"中国创造"。在这样的文化氛围里，工匠精神的没落和消亡也就在所难免。更令人担忧的是，企业自身的这种职业态度还会对职业院校的办学理念和学生的价值观、人生观产生负面影响。所以，要让工匠精神在职业教育中"扎根"，企业首先必须转变观念，致力于打造百年老店、民族品牌，并积极营造培育工匠精神的良好环境，主动承担职教育人的重任。

客观地讲，工匠精神既是中华民族的传统美德，又是我们今天重提待塑的新生事物。对工匠精神的理解认识有偏颇并不可怕，只要我们抱着谦虚、审慎的态度去研究和接纳，工匠精神一定能够早日完美回归，成为民族振兴的制胜法宝。

四、工匠精神的应然解构

所谓工匠精神是指工匠对自己的产品精雕细琢、精益求精的精神理念，专业、专注、极致等都是其关键词。对工匠精神的内涵进行解构，可以进一步认清我国职业院校的人才培养目标，为职业教育本身的应然作为提供路径。

（一）"匠心"——工匠精神之基

所谓"匠心"，就是对职业的高度认同，有安于做一名"工匠"的意愿，这是工匠精神之基。职业认同一般是指个体在心理上对于自己所从事职业的意义、价值等的赞同或认可，关系着个体生产劳动观念的确立和从事职业的忠诚度。

"匠心"的营造，是一项社会、学校、政府互动共振的系统工程。首先，整个社会要营造尊重劳动、尊重劳动者的氛围，让"劳动最光荣"成为全民的核心价值观。按生产要素分配与按劳分配的结合，让一部分人模糊了对于"多劳多得"的认识，片面地认为付出劳动的多寡与回报不再是正比例关系了，进而衍生出许多投机取巧的事情来。习近平总书记在全国劳动模范代表座谈会上曾指出："人民创造历史，劳动开创未来。实现我们的奋斗目标，开创我们的美好未来，必须紧紧依靠人民、始终为了人民，必须依靠辛勤劳动、诚实劳动、创造性劳动。"这一历史唯物主义的观点，与"劳动群众创造历史"一脉相承，也从根本上决定了劳动必须得到尊重，而且要拒绝投机，诚实劳动。其次，职业院校要营造出浓郁的职业技术文化氛围，让学生充分感知职业和劳动，并能够深刻体会到做一名技术工人的光荣。近年来，各行各业涌现出了一大批岗位标兵、技术能手，他们的先进事迹，尤其是生产一线技术工人、院校优秀毕业生的先进事迹，都可以成为学生学习的榜样。再次是政策导向，国家调整职业教育相关政策，让更多的学生走进职业院校学习专业技能。瑞士的世界品牌占有量居全球第一，其职业教育功不可没。在瑞士每年有70%以上的初中毕业生进入中等职业学校学习，生源规模导致了学习竞争压力的传递，在一定程度上可以促发职业院校学生学习专业技术的自觉性。

（一）"匠术"——工匠精神之本

所谓"匠术"，是指基于技术、技能运用所追求的合理、科学的技巧，广义上属于工匠情商的范畴，是工匠精神之本。

有人曾怀疑工业4.0和智能制造在解放人的同时，也会因为无人化车间的存在而对技术传承带来消极影响。现在看来，这种担心是多余的，因为人的智慧在人类历史发展进程中永远是不可或缺的，人的作用也会在传承与创新中得到更加淋漓尽致的展现。职业教育在其中需要解决两个问题：一个是重实践、轻理论的问题。职业院校在培养学生专业技能的时候，往往会片面强调专业实践课程的重要性，认为学生"会做"就行，至于个中原理并不重要，这种只将学生"扶上岗"的做法并不是高度负责的态度，也直接影响了学生职业发展的可持续性。另一个则是重技能、轻人文的问题。在教育中漠视学生综合素养的培育，导致学生人际交往能力、岗位迁移能力的不足，严重影响了学生的职业发展能力的培养。职业院校要做的是正确处理好专业理论与实践、技能培养与全面发展的关系，传承好技术，培育好素养，帮助学生成长为"神乎其技""人技合一""行之久远"的人才。

（三）"匠德"工匠精神之魂

所谓"匠德"，是对职业的专注，敬业而有为，这是工匠精神之魂。技术革新、社会进步正以前所未有的速度发展着，今天的新技术可能在三四年以后就有了新的变化。面临快速革新的技术，职业院校在人才培养中最需要解决的另一个课题就是如何让学生静下心来学好一门技术、用好一门技术。合格产品、高品质产品、卓越产品，这是产品的不同境界，也是做人的境界。技无止境，具有"匠德"的工匠，会专注于自己的产品或服务，永远行走在追求"把99%提高到99.99%"的极致之路上。一味追逐"投资少，周期短，见效快"的生产方式，或许可以带来一时的增长速度与回报，但绝不是长久之计，而且还极大地沙漠化了"匠德"的成长土壤。这也启示职业院校应该摒弃社会浮躁，安心做学问、传技能，教师应该心无旁骛，彻底改变"快餐式"教学、"教"与"学"两张皮的不良现状，和学生一起学在教室、走进车间，专心育技、耐心育人。教师对学生要有积极的期待，尊重学生的学习，尊重学生的发展。

五、工匠精神的时代意义

中央经济工作会议明确提出，要积极推进供给侧改革，即"在加强需求侧即需求方面结构性改革、适度扩大总需求的同时，注重和着力加强供给侧即供给方面结构性改革，扩大有效供给、提高供给结构适应性和灵活性、提高全要素生产率……把新供给的潜在能量转变为新常态现实的领先动力"。为积极推进供给侧改革，既要持续推进自主创新，又要牢固树立产品质量意识，更要培育与弘扬工匠精神，从而为社会提供有效供给。

（一）推进供给侧改革的客观需要

根据商务部的统计："2015年中国游客在境外消费约1.2万亿元，继续保持世界主要旅游消费群体称号。"这既反映出当前我国制造业面临形势的严峻性，也凸显了新常态背景下推进供给侧改革的必要性。众所周知，以市场经济为主导的改革开放在使我国经济保持高速增长的同时，却忽视了规模经济发展的效益与质量，日益形成生产快餐化、效益泡沫化、利润暴利化与发展无序化。特别是伴随着经济全球化趋势的日益增强，我国参与国际竞争的日益激烈，过去靠人才资源在数量上集聚的劳动密集型生产所带来的优势日渐式微，技术含量低下、产品质量低端、发展战略滞后等问题也日益凸显，从而导致了当前我国消费市场需求与产品供应之间的严重失衡与相对过剩。

为了破解这一系列难题，客观上需要通过实质优化供给体系与供给结构，全面提升企业生产质量与效率。而要实质优化供给体系与供给结构、全面提升企业生产质量与效率，就必须大力培育与弘扬工匠精神。因为，实现中华民族新时期伟大复兴的"中国梦"，不仅需要科技战线上的专家学者，而且需要普通一线的能工巧匠。特别需要能工巧匠都具备"敬业、精业、乐业，专注、执着、创新"的工匠精神，从而以此为动力，追求每一细节的尽善尽美，拥有"舍我其谁"的责任担当，崇尚宁静致远的精神境界。

（二）实施质量强国战略的必然选择

质量发展是强国之基、立业之本与转型之要。因此，当前我国正全面实施质量强国战略，大力倡导改革创新，不断强化政策引导，把注重与提升质量始终作为推进供给侧改革的出发点与落脚点，更为重要的是，要通过"培育和弘扬精益求精的工匠精神，引导企业树立质量为先、信誉至上的经营理念，立足大众消费品生产推进'品质革命'，推动'中国制造'加快走向'精品制造'，赢得大市场"。实施与推进质量强国战略的根本目标在于实现"中国制造"向"中国创造"和"中国智造"的根本性转变，从而树立中国产品在国内与国际上的新形象、新品牌。事实上，"中国创造"与"中国智造"就是对产品"质量"的追求与推崇，就是注重精益求精的工匠精神的培育与弘扬，并将其日益转化为企业的品牌凝聚力与核心竞争力，不断树立与强化"卓越质量"意识，进而深入推进质量强国战略。所谓"卓越质量"，一般是指"以最低的成本、最高的效率实现顾客让渡价值（customer delivered value）最大化，取得最佳经营绩效的质量"。

由此可见，"卓越质量"与工匠精神在价值诉求上具有一致性与相通性，培育与弘扬工匠精神在实现有效供给的过程中，不断提升企业的质量竞争力、增强企业的核心竞争力，从而不断开拓"精品制造"的新境界，树立"中国智造"新形象。

（三）加快制造业转型升级的现实路径

实践证明，工匠精神对于推动当代中国制造业转型升级具有战略意义与价值，因为工匠精神能够不断激发当代中国制造业领域的创新理念、创新精神与创新能力，不断提升当代中国制造业领域的生产品质、生产品位与生产品牌，从而不断推动当代中国制造业的优化升级与创新发展。

因此，在推进供给侧改革的过程中，亟须培育与弘扬工匠精神，以实现我国从"中国制造"向"精品创造"的根本转变，进而将工匠精神日益培育与打造成当代中国的一种新型软实力。作为国民经济的主体，制造业是当代中国的"立国之本、兴国之器"，要实现从"制造大国"向"创造强国"的根本转变，客观上要求培养和造就数以亿计的高素质、高技能的技术技能型人才。而要培养和造就此类人才就必然要大力培育与弘扬工匠精神，通过具备工匠精神人才的耐心、专注、执着与创新持续推进当代中国制造业的质量升级、技术升级、品质升级、战略升级，积极促进我国制造业日益向"高端、智能、绿色、服务"等高科技、高效率、高品质的方向发展，进而培育我国制造业新的"增长极"、凝聚我国制造业新的"加速度"、增强我国制度业竞争的新优势，不断推进当代中国制造业追求高品质、打造新格局、提升新境界。

（四）实施创新驱动发展战略的重要举措

推进"五位一体"与"四个全面"的战略布局需要全面实施创新驱动发展战略。当前，全球制造业发展格局的深刻变革与我国经济发展新常态的不断推进，客观上要求我们必须紧紧抓住这一战略机遇，培育创新精神、注重创新驱动、推动创新发展。在"大众创业、万众创新"的感召下，工匠精神具有创新的时代意蕴，将工匠精神所秉承的"专注、执着、创新、奉献"等理念融入每一个产品创造过程中的每一环节、每一细节，这既是对职业无限忠诚与无比敬畏的写照，又是对推陈出新与追求卓越的诠释。

因此，"要加快实施创新驱动战略，推动大众创业、万众创新，不仅要有别具一格的创新思维，抓住市场的新需求，还要有精益求精的工匠精神，追求细节和质量，两者结合起来才能开发出适应市场多样化需求的优质产品"。所以，在"中国制造"

向"精品创造"根本转变的过程中，要适时培育与弘扬精益求精的工匠精神，从而不断赋予中国创造的"精品"以更优良的品质、更丰富的内涵。在推进供给侧改革的过程中，要通过培育与弘扬工匠精神，注重大力培育创新精神，彻底革新沉向积弊，强化创新驱动发展，颠覆落后思维定式，为建设创新型国家凝聚精神动力。

第二节　人才培养的社会导向

研究论证人才培养的社会导向，是因为人才培养社会导向理念是工匠精神与人才培养的基本理论问题。人才培养社会导向理念是研究工匠精神与人才培养供给侧结构性改革的基点，基于人才培养社会导向理念，首先必须明晰人才培养的传统思维方式、人才培养的根本目标和人才培养社会导向理念相关的基本内涵、体系框架、逻辑关系和重大意义。只有客观把握人才培养传统思维方式及思维意识，才能切实对人才培养传统思维方式及思维意识去其糟粕，取其精华，只有客观把握人才培养根本目标，才能切实充分认识人才培养根本目标的作用和价值与意义所在，只有客观把握人才培养社会导向理念，才能在弘扬工匠精神与人才培养供给侧结构性改革实践中，切实依据社会发展需求科学制定现代创新人才的培养目标。

一、人才培养的传统思维

人才培养思维方式泛指人才培养思维活动的内在模式，是人才培养思维内容与思维形式的统一。中国传统的人才培养思维方式及思维意识，是基于教育与政治、经济关系的认识，教育与法治关系的认识，德育与智育关系的认识，知识与才能关系的认识，教与学、教师与学生关系的认识，学校教育与社会教育、家庭教育关系的认识，形成的一系列具有独特风格的道德教育与道德修养的人才培养思维意识和教育手段，这是中华民族在长期的历史发展过程中，由独特的自然环境、经济制度、政治结构、意识形态的作用积淀而成的。人才培养传统思维方式是中国近现代创新人才培养落后的一个重要原因。中国五千年的艰难历程，决定了传统教育在人才培养思维意识上精华与糟粕并存，在实施工匠精神与人才培养供给侧结构性改革的大背景下，我们继承人才培养传统的思维意识与思维方式，就要"剔除其封建性的糟粕，吸收其民主性的精华"。

（一）人才培养传统思维意识精华与糟粕并存

人才培养传统思维意识是指全体社会成员在长期的历史实践中逐渐形成、积淀，而又连续一贯、相对稳定的个人背景、学历、资源、人脉、资历，即现实性和实用性的人才培养观念和行为方式。中国传统教育思维意识作为传统文化的重要组成部分，必然以独特的思维意识、知识结构、价值观念、伦理规范、行为方式、审美情趣等主体形式存在着。中国人才培养传统思维方式精华与糟粕并存。

1.人才培养传统思维意识的精华

中国人才培养传统思维意识的精华源于中国传统文化的基本精神，中国传统文化的基本精神实质上就是中华民族的民族精神。中国人才培养传统思维方式精华的基本点在于"刚健有为、和与中、崇德利用、天人协调"，这些中国传统文化的基本精神之所在。例如建立在"天圆地方，天人合一"先哲思想和行为准则基础上的：《周易》中的"天行健，君子以自强不息"，《易经》中的"地势坤，君子以厚德载物"，《论语·子罕》中的"三军可夺帅也，匹夫不可夺志也"，《孟子·告子上》中的"舍生取义"，《礼记·大学》中的"修齐治平"，孔子的"大道之行也，天下为公"，孟子的"吾善养浩然之气"，荀子的"制天命而用之"等，这些都是中国人才培养传统思维方式的主要精华，并得以成为中华民族的普遍心理认同。正是这些根深蒂固的人才培养传统思维方式与思维意识，塑造了无数志士仁人的高尚人格品质，磨砺了中华民族生生不息的自强精神和对理想社会的追求意志。

2.人才培养传统思维意识的糟粕

中国历史发展过程中的局限性使其传统文化既有精华，又有糟粕，这是客观的必然。中国传统文化中的中国人才培养传统思维方式的糟粕之处，主要是在封建专制主义中央集权制度下"大一统"的政治制度下，以"崇古、唯上、忠君、道义"为价值取向的人才培养思维方式与思维意识。例如"中庸之道""愚忠愚孝""随遇而安""三从四德""内外有别"等，这些都是当时人才培养传统思维方式与思维意识的人才培养导向。但中国人才培养传统思维意识的某些糟粕或不良特征仍支配或影响着个人的生存和社会的运行，对现今社会创新人才的培养和成长仍起到了一定的阻碍作用。

3.人才培养传统思维意识的阻碍

中华传统文化是中国人民乃至全人类的宝贵财富，中国五千年文明史，奠定了中国古人的一切文化与思想行为。中国传统文化中既有精华，又有糟粕，对中国传统文化"取其精华，弃其糟粕"是当代中国人的共识。我们要切实区分传统文化中的精华与糟粕，吸收其精华，去除糟粕，这样才能在继承的基础上，创造、丰富传统文化。改革开放以来，尽管有西方人才培养理念及思维方式的灌输，但中国传统的人才培养思维意识的核心内涵依然扎根在中国人的心坎里。在教育改革的浪潮中，依然深深地刻有人才培养传统思维意识的烙印。中国人才培养传统思维意识的基本特征及其对现代人才培养的阻碍是确实存在的。

（二）人才培养传统思维意识的溯因

中国人才培养传统思维方式及思维意识与现代人才培养思维方式的差异源于历史、影响当今。其根源在于中国传统文化、社会制度、教育选拔、时代背景与地理特点等，给现实社会人才培养思维方式带来的影响和作用。

1.传统文化对人才培养的影响

在中国长期延续的文化中，逐渐形成了"天人合一"的宇宙观、整体思维的方法论和讲求实用的认识论。对中国传统文化的影响要辩证地、一分为二地来分析判断。一方面，中国传统文化对现实社会有着积极的影响，即传统文化是增强民族自信心的基石，是构建良好民族心理的基础，是提升国家综合实力的精神资源，是建设现代文明社会的基本条件，甚至是促进世界走向大融合的重要思想源泉；另一方面，中国传统文化对现实社会也有着消极的影响，即"尊官贵长"的传统对现代民主精神有着负面影响，人治传统对现代法制精神有着负面影响，重农抑商对现代商品经济的发展也有着负面影响。

2.社会制度对人才培养的影响

社会制度作为人类社会活动的规范体系，决定着该社会形态的性质，是制定各种制度的依据。中国社会制度演变过程对人才培养的影响，应从中国历史发展过程的两方面来分析：一方面，中国长期的封建制度专制集权注重严密的封建伦理道德，认识事物以人为核心，对自然的关注重点也不是探求知识之真，而是满足日常之用、伦理之善。我国古代所强调的"格物、致知"，其根本目的还是"修身，齐家，治国，平天下"。另一方面，中国现今的社会主义制度，对人才培养的要求，首先是要把社会主义核心价值观融入人才培养全过程，强调立德树人，既立足于中国特色社会主义伟大实践的现实需求，又植根于中华民族几千年优秀传统文化的丰厚土壤，同时还面向国际吸收了其他文明的优秀成果。

3.教育选拔对人才培养的影响

教育选拔是国家选拔人才的重要形式和手段，其政策呈现出鲜明的国家主义特征和社会变迁的烙印；招生政策的演变轨迹与不同的社会发展阶段国家的真实需要密切相关。中国的教育选拔制度在过去的一个世纪里经历了几次重大的变动，这种变动由国家政权和社会结构的变动所致，同时也反映出社会变迁过程中的结构性特征。因此，教育选拔人才的思维方式与思维意识必然会潜移默化地有着长久的影响，如客观分析，也是具有两方面的溯因：一方面，历经一千三百多年的封建社会制度下的科举制度，尽管在历史的长河中有其公平、公开的积极进步作用，也可以说是中国封建社会选拔人才的典范，但总体上讲科举制度在人才培养方面还是有很大的弊端，不仅存在人才培养选拔的不公，而且更严重的是导致人才培养过程中知识结构有缺陷，将教育的主要功能异化了，甚至造成知识分子的人格扭曲，"学而优则仕"的官本位弊端，让最活跃的精英人才萎缩、沉寂在科举制度之中，扭曲了人才的价值取向，使其所学知识与时代和社会发展严重脱节，甚至鄙视对科学技术的发明创造。另一方面，中国现今的教育选拔与人才培养仍然残留着科举制度弊端的隐患。尽管当今社会制度、文化环境、教育条件等已发生根本性的变化，但在人才培养思维方式与思维意识上，却在很大程度上存在科举制度因素的影响，对培养具有主动探索精神和具有创新意识、创新能力的现代社会发展需求人才仍有一定的制障。

（三）中国人才培养传统思维意识的主要导向

思维方式泛指思维活动的内在模式，是思维内容与思维形式的统一，人才培养传统思维方式是中国近现代创新人才培养落后的一个重要原因。中国人才培养传统思维意识的主要导向可概括为三个方面。

1.群体本位对人才培养的思维导向

群体本位，即灌输注重整体利益，突出强烈的群体（集体）思维意识。对群体本位传统思维意识应辩证地分析：一方面，在中国历史社会的背景下，这种群体本位的思维意识与价值观在推动社会发展和稳定、维护国家利益、巩固集权统治等方面发挥了积极的作用；另一方面，群体本位传统思维意识也有限制甚至扼杀个性的生存和发展的弊端，在某种程度上也会阻碍创新人才的成长。群体本位传统思维意识要求个体只能保持或注重遵守原有的体制和价值规范，致使个体失去创造的欲望和冲动，也扼杀了人们的主体意识和竞争意识。在创新人才培养的实践中发现，由于群体本位传统思维意识的影响，不仅有许多学生不愿意参与创新活动，甚至有部分教师依然不能解放思想，在培养学生创新思维过程中或在指导学生创新活动中仍会受到群体本位的影响，看不惯"出格"的学生。

2.伦理主义对人才培养的思维导向

伦理主义，即在处理人与人、人与社会相互关系时应遵循的道理和准则的思维意识。它不仅包含着对人与人、人与社会和人与自然之间关系处理中的行为规范，而且也深刻地蕴含着依照一定原则来规范行为的深刻道理。中国伦理主义传统思维意识几乎渗透在中国人一生的成长过程之中，尤其是教育领域。这种重礼节、讲人情的人才培养思维意识，对于个人处理好各方面的人际关系，维护家庭和社会的稳定发挥了积极作用，但它也有很大的消极作用。在培养和选拔人才的标准上不是看人的真实能力，而是注重关系的远近；不是按照理性、法制的契约，而是按照人际关系等。这种人才培养思维意识排斥那种不顾人际关系只注重于事物创新的人，对创新型人才的培养和成长起到了阻碍的作用。

3.官本位对人才培养的思维导向

官本位，即以官为本、以官为贵、以官为尊的思维意识。官本位人才培养思维意识的核心是注重培养"知行完备、至善之人"，崇尚"学而优则仕"。社会大众学习的目的也是获得官职，通过学习深造实现从布衣到显贵华丽转变的梦想。这种官本位人才培养思维意识，作为中国封建社会当时主流价值观并深入社会的各层面，致使人们做事以"官"的意志为核心："唯上是从"，衡量人的价值和社会地位也以官职大小为标准。这种封建专制的人才培养思维意识至今仍然根深蒂固地产生着不同程度的影响，家庭教育中大多数家长把"听话"作为教育子女的行为准则，常说"在家要听父母的话""上学要听老师的话""上班要听领导的话"。在人的成长过程中常常以政府机关事业单位工作为主要选择，甚至以职位高低衡量人生的价值。在选人用人上也表现出对有突出成绩人的鼓励就是"提拔"。好像不提拔"官职"，就是没有得到重用，没有得到肯定。这种官本位人才培养思维意识，扼杀了人们的个性发展和创新人才的成长，在某种程度上影响着人们的思想和行为，成为现代社会创新人才培养和成长的一大障碍。

（四）破除人才培养传统思维意识阻碍的对策

在人才培养供给侧结构性改革中，首要的问题就是要破除人才培养传统思维方式中的群体本位、伦理主义和官本位等封建思维意识的阻碍，从人才培养传统思维方式转向现代人才培养思维方式，进而转变教育思想，以培养当今社会需求的创新人才为人才培养思维方式的导向。在创新人才的诸多要素中，思维方式直接体现了创新人才思考问题、解决问题的方法和能力。只有遵循现代创新人才培养思维方式这一定律，才能厘清我国现代人才培养的进路，切实解决人才培养供给侧结构性改革中的一系列问题。

1.批判继承人才培养传统思维方式及思维意识

批判继承人才培养传统思维意识，既要提倡集体主义精神，又要避免出现极端集体主义倾向。从现代人才培养的视角考量，一方面要提倡现代人才应具有集体主义精神，要树立以国家和集体利益为重的概念，积极维护国家和集体的利益；另一方面又要注重培养现代人才的创新意识和创新能力，使其具有根据社会和个体生活发展的需要，引起创造前所未有的事物或观念的动机和在创造活动中表现出的意向、愿望和设想。

2.破除人才培养封建伦理思维方式及思维意识

破除人才培养的封建伦理思维意识，既要培养现代人才践行社会主义核心价值观的思想理念，又要积极构建社会主义伦理新秩序。一方面既要注重培养现代人才具有倡导富强、民主、文明、和谐，倡导自由、平等、公正、法治，倡导爱国、敬业、诚信、友善，积极培育和践行社会主义核心价值观的理念意识；另一方面也要注重培养现代人才具有正确处理人伦关系、法权关系、生态关系的良好素养。只有如此，才有利于加速形成相互协调，内外和谐，构建合理的社会伦理秩序。

3.消除人才培养官本位思维方式及思维意识

消除人才培养的官本位思维意识，既要消除人们内心的官本位思想意识，又要铲除官本位带来的负面影响。一方面要注重培养现代人才在市场经济条件下的公平、竞争、民主、平等的思维意识；另一方面要注重加速转变社会对人才的价值认同，瓦解官本位意识滋生蔓延的心理基础；矫正利益分配，调整利益导向，消除官本位意识滋生蔓延的内在动机；加强制度建设，强化制度约束，压缩官本位意识滋生蔓延的制度空间。

4.变革现代人才培养思维方式增强创新意识

实施人才培养供给侧结构性改革，培养具有工匠精神的创新人才，关键是变革人才培养思维方式。人才培养思维方式是人才培养的核心要素，培养现代人才首要的问题是构建现代人才培养的思维方式，只有实现人才培养思维方式的现代化，才能有真正意义上的人才培养的现代化。变革人才培养思维方式，一方面，要继承和发扬传统的整体思维方式。整体性思维方式是指在具体处理一件事情的过程中能够全盘考虑问题，使事情的结果体现出鲜明的整体性。运用传统整体性思维方式，培养创新型人才，在整体性思维的宏观视野下，稳步推进高等教育改革，实现整个教育系统、政府和社会系统协同发展，构建完整、协调的人才培养体系，才能培养出创新型人才。另一方面，要适应现代社会发展的需求趋势，大力推动"互联网＋"创客教育理念下的人才培养思维方式。"互联网＋"视域下创客教育人才培养思维方式，即秉承"互联网＋"教育理念，利用"互联网＋"技术平台构建智能化、感知化、物联化、情景化的教育信息生态系统，创建"人人性、开源性、趣味性、共创性、体验性、艺术性、线上线下融合性"的学习场景，打通创客教育与专业教育的界限，将二者联通、融合到一种人才培养范式中，最终目的是把人培养成为既懂专业知识又具备一定创新、创造、创业能力的复合型创新人才。

二、人才培养的根本目标

人才培养根本目标的定位关系到人才培养的质量。当今世界，随着经济全球化趋势的日益明显，人才资源将作为发展战略的制高点，甚至将人才视为最重要的战略资源。高校作为人才的主要供方市场之一，在人才培养供给侧结构性改革中，必须顺应经济社会发展的需要，准确定位人才培养根本目标，提高人才培养质量，培养更多更好的合格人才。

（一）高等教育人才培养目标现状分析

研究工匠精神与人才培养供给侧结构性改革，要客观分析中国高等教育人才培养目标的现状，为人才培养供给侧结构性改革找准方向。

1.人才培养目标定位与社会需求脱节

人才培养目标定位与社会需求脱节主要反映在两个方面：一是入学、毕业环节与接受高等教育环节的脱节。其主要原因是体制与制度问题，政府和社会制度等政治因素对人才培养目标干涉过多，使得培养目标更多的是以政治为导向而不是以社会需求为导向。二是高校培养出来的人才与社会需求的脱节。其主要原因是学校问题，由于知名高校在长期发展中对政府的资源和政策过分依赖，从而导致知名高校科研队伍整体乏力，科研成果与世界一流先进水平的高校产生较大的距离。而一般高校由于缺乏相应的资源倾斜和政策支持，使得科研力量相对薄弱，课题低水平、重复研究现象严重，与当代科技快速发展的趋势相脱节，难以契合科技兴国的要求。

2.人才培养目标定位的结构特色欠缺

人才培养目标是依据国家教育目的和社会经济发展的需要，各级各类教育对受教育者在发展方向、培养规格等方面所进行的规定。高等教育人才培养目标受多方面因素的影响，外部因素包括社会发展程度、区域经济发展水平、国家发展战略等，而内部因素则包括学校性质、办校条件等。随着社会经济的发展、科学技术的进步，我国产业转型升级的速度加快，产业结构逐步从劳动密集型向技术密集型过渡，企业对从业者的学历、素质等方面提出了更高的要求，面对社会经济发展需求，高等教育所培养的人才已无法满足社会与企业用人需求。因此，社会发展对人才的实际需求与高等教育所培养的人才类型之间产生了矛盾。

我国高等教育由于受历史背景、社会环境等因素的影响，在人才培养目标方面过分强调德智体美劳的全面发展，忽视对人才培养能力目标的准确定位，使得国内各大高校培养目标基本趋同，致使高等教育人才培养目标定位的结构特色欠缺。从社会需求和高等教育实践来看，高等教育要有一个总体的人才培养目标，基于总体人才培养目标，不同高等院校、不同专业还应该有不同的人才培养目标。人才培养目标定位的结构特色欠缺的主要原因是高校间彼此培养目标定位类似，缺乏显著特点、培养手段落后，使得人才技能单一，无法满足用人单位多元化需求；另外，同一所高校内对本科生和研究生的培养过程相似，从而造成人才质量趋同，硕士、博士缺少绝对优势，使得人才浪费现象严重。

3.高等教育人才培养目标还有待完善

高等教育人才培养目标应适应社会经济发展的需求而不断完善。以高等职业教育为例，我国高等职业教育人才培养目标定位还没有形成统一的认识。纵观大多研究成果，总体上看，都是将高等职业教育人才培养目标定位在高技能人才、高技术人才、复合型人才、应用型人才，但其定义却又不甚明确。一般来讲，所谓高技能人才，即指在生产和服务一线从业者中，掌握精深专门知识和具备精湛操作技能，能手脑并用的高级应用型人才，包括高级工、技师、高级技师。高技能人才可分为技术技能型、复合技能型和知识技能型三类；技术技能型人才是指在企业生产加工一线中从事技术操作，具有较高技能水平，能够解决操作难题的人员；复合技能型人才是指企业生产加工一线掌握一门以上操作技能，能够在生产中从事多工种、多岗位的复杂劳动，能解决生产操作难题的人员；知识技能型人才是指既具备较高的专业理论知识水平，又具备较高操作技能水平，能够将所掌握的理论知识用于指导生产实践，创造性地开展工作的人员。从劳动过程来讲，技术型人才劳动组成的主要部分是智力活动，而技能型人才劳动组成的主要部分是动作技能，技术型人才层次应高于技能型人才。虽然技术型人才与技能型人才没有绝对明晰的界限，但作为人才培养目标必须要有一个相对准确的界定，这就需要在人才培养供给侧结构性改革中对高等职业教育人才培养目标深入研究，逐步完善。

4.人才培养目标是结构性改革的重点

人才作为第一资源，是重要的创新供给要素，因此，人才培养目标是人才培养供给侧结构性改革的重点。精准定位社会需求，培养新型实用人才，是人才培养供给侧结构性改革的重要任务。新型实用人才的基本内涵就是要打破传统的人才标准，适应经济社会发展的需求，大力培养应用型、复合型、技能型人才。从相关数据分析看，我国装备制造业人才需求类型特征为：以需求具有中级专门技能、熟练型实用人才为主，同时对于具有高级专门技能、擅长实际操作的实用型人才和善于运用高新技术知识解决生产实际问题的复合型、应用型人才也有较大需求。《国家中长期教育改革和发展规划纲要（2010—2020年）》提出：高等教育要"优化结构办出特色。适应国家和区域经济社会发展需要，建立动态调整机制，不断优化高等教育结构。优化学科专业、类型、层次结构，促进多学科交叉和融合。重点扩大应用型、复合型、技能型人才培养规模"。这就是明确了要大力培养"新型实用人才"。以人才培养供给侧结构性改革为引领，精准定位社会需求，着重从知识、创新、独立、个性、理想五个方面思考，培养新型实用人才。

（二）高等教育人才培养目标的基本内涵

人才培养目标是指主体根据自身需要，借助于观念、理念、意识等中介形式，将在行动活动之前预先设定的作为目的或结果。人才培养目标是人才培养的标准和要求，是人才培养模式构建的核心。高等教育的人才培养目标是一个有层次的体系结构，包括人才培养的总目标、各专业目标、课程目标、实施目标以及操作目标等，在制定人才培养目标过程中要层层递进。

1.人才培养总体目标

人才培养总体目标，是指各高等院校根据社会发展的需要和自身的特点提出自己的人才培养模式的概括性描述和战略要求。在总体目标的制定过程中，各高等院校要根据自身实际情况，理性分析学校的优势和劣势、机会和威胁，明确适合自身发展的人才培养总体目标定位。在总体目标定位的基础上，概括形成人才培养总体思路、模式，并规划出相关总体目标项目和行动框架。目前，我国人才培养的总体目标是：培养和造就规模宏大、结构优化、布局合理、素质优良的人才队伍，确立国家人才竞争比较优势，进入世界人才强国行列，为在21世纪中叶基本实现社会主义现代化奠定人才基础。

2.人才培养专业目标

人才培养专业目标，是指在人才培养模式总体目标的基础上，各高校所属的院（系、部）要将总体目标分解为专业人才培养目标。专业人才培养目标的制定要统一性和多样性相结合，"统一性"要求专业人才培养目标要反映学校在人才培养方面的总体要求和共同标准；"多样性"要求专业人才培养目标应体现各专业不同的需求，尤其是专业方向模块中的课程体系、操作方法、实现途径的设置要能发挥各专业的优势，体现各专业人才的特点和学校办学特色。人才专业培养目标包含三个方面的具体内容：一是人才培养方向，指该专业培养的人才所对应的未来职业门类；二是人才使用规格，指同类专业中不同人才在未来使用上的规格差异；三是人才培养规格与要求，指该专业培养的人才素质，即对同一培养方向、同一使用规格人才在德、智、体、美诸方面的具体要求。人才培养规格与要求是人才培养目标中最核心、最本质的东西。

3.人才培养课程目标

人才培养课程目标，是指教师在明确人才培养专业目标的课程结构、体系的基础上，建立起所承担课程的总教学目标，并选择合适的教学模式，以此确定达成课程总目标的实施目标和具体的操作目标。人才培养课程目标不仅是学生学习知识的载体，更是提高能力、培养素质的主要载体。以人才培养课程目标为抓手加强教学质量建设，是高等院校保证和提高人才培养质量、实现人才培养目标的必然选择。人才培养课程目标的核心任务是通过组建课程组，实行课程负责人制，落实课程建设的责任主体，为进行课程建设搭建一个基础平台。课程教学大纲、教学内容必须体现整体性、连贯性、层次性，适用的教学方法是培养学生能力的关键，综合性、设计性实验有助于培养学生的创新能力、科研能力。

4.个人学习生活目标

个人学习生活目标，是指学生要根据学校的总体人才培养目标、专业培养目标和课程目标建立自己的关于思想、学习、生活目标，作出个人的学习生活规划，并将这些规划制成一个目标集合并制定目标实现的细则、时间和措施。个人学习生活目标是人才培养目标基本内涵不可或缺的重要方面。科学规划个人学习生活目标，一方面既可以将人们的学习生活各个方面统一起来，另一方面又可以引导着人们不断地追求更高的人生学习生活目标。通过个人学习生活目标的制定与实施，可对个人学习生活产生一定积极作用，能切实增强使命感，并有力激发个人的潜能。

（三）工匠精神引领下的人才培养目标构思

培养具有工匠精神的高素质人才是当今时代所需，探索以工匠精神为引领的人才培养理念与培养方式是赋予高等教育的使命。工匠精神与现代人才培养目标在本质内涵、价值取向、实践内容等方面有着高度的融合贯通。

1.将工匠精神融会贯通于人才培养目标的本质内涵

工匠精神的本质内涵是专业精神、职业态度和人文素养，即体现在对自己所从事的职业善始善终、坚忍不拔、一丝不苟和对卓越与完美的崇高追求，这与人才培养目标的本质内涵是融会贯通的。在人才培养过程中，倡导、弘扬和培育这种工匠精神，一是要培养学生牢固树立起坚忍、持久的刻苦学习态度与学习精神，二是要培养学生对专业知识、专业技能的学习勇于攻坚克难、力求甚解、不断进取的意志与精神；三是要培养学生树立起正确的职业理想和良好的敬业态度；四是要培养学生不断增强严谨细致、一丝不苟、精益求精的精神；五是要培养学生善于创新思维、勇于创新的意识和精神。只有将工匠精神融会贯通于人才培养目标的本质内涵之中，才能培养出适合现代社会需求的人才，才能培养出德才兼备的综合型人才，才能培养出具有创新精神和创新能力的创新型人才。

2.将工匠精神融会贯通于人才培养目标的价值取向

工匠精神与人才培养目标的价值取向是趋于一致的。工匠精神是从业者的一种职业价值取向和行为表现。人才培养目标的价值取向是促进人类社会的发展，既满足个人需要又满足社会需要是，以引导学习者成人为要务，以发展人性、培养人格、改善人生为目的。将工匠精神融会贯通于人才培养目标的价值取向，符合当代人才培养的根本方向。培养具有工匠精神的人才既有利于推动国家和社会的进步，也有利于推动人和社会的全面发展。因此，在人才培养过程中，不仅要以培养高素质技能型人才为己任，要求学生一方面要获得一定的专业理论知识，另一方面要在实训场所进行实践操作等技能培训。同时，还必须让学生把崇高的理想追求落实到一丝不苟的刻苦学习当中，要营造良好的校园文化氛围，加强对学生敬业守信、精益求精职业精神的培养。

3.将工匠精神融会贯通于人才培养目标的实践内容

中国从制造业大国走向制造业强国的发展目标，急需工匠人才，在"中国制造"迈向"中国智造"的关键时期，高等教育理应在人才培养目标上要有所作为。尤其是高等职业技术教育要勇于担当、勇于作为，努力培养适应现代化中国工业发展、蕴含工匠精神的技术技能人才，这是时代赋予高等职业技术教育的厚望和使命。要把高职院校的学校精神同行业职业精神、行业职业价值观等融入人才培养全过程，将职业要求融入专业和就业教育之中，全方位提升学生的文化修养和职业素养，打造质量过硬的工匠人才队伍，使学校得以在良性循环中越办越好、走向强大。要让工匠精神变成校园文化，把校外实训基地的优秀企业文化移植到校园文化之中，让学生在受到熏陶的同时，感受工匠精神的独特魅力，培养出职业技能和职业精神高度融合的时代工匠。

（四）科学定位现代创新人才培养根本目标

现代人才的本质特征在于创造性。在知识经济和日趋严峻的大学生就业环境的双重背景下，高等教育传统的人才培养目标定位已经出现诸多局限。在新形势下，适应国情和现代社会发展需求，科学定位现代创新人才培养根本目标是当前人才培养供给侧结构性改革的重要任务。创新人才从总体上讲，是具有创新意识、创新思维、创新能力、创新人格的优秀人才。创新性和创造性是创新人才的本质特征。《高等教育法》就明确规定："培养具有创新精神和实践能力的高级专门人才"，这个高等教育人才培养目标将创新精神和实践能力作为高级专门人才的两大重要标志，明确了高等学校的人才培养根本目标，就是要培养学生的全面素质而不是单纯传授某种具体的技能，创新精神和实践能力则是最重要的两种素质。高素质人才、创新型人才和复合型人才正受到国家和社会越来越多的重视，正成为21世纪高等院校的人才培养目标。

1.现代创新人才培养根本目标要突出现代社会需要的综合型人才

综合型人才，是既在各个方面都有一定能力，又在某一个方面出类拔萃的复合型人才；主体内涵是"德才兼备的人，有某种特长的人"。在当今经济全球化时代，企业的内外交往频繁，企业选拔任用的人才除了要具有较高的专业知识，还要有现代社会必须具备的综合知识和能力。"德"是衡量人们精神和品行的尺码，是人们灵魂深处的自我规范，是指导人们工作和生活的行为准则。"德"是根本、是长远，并非应急时就能造就的。高等教育应把培养综合型人才作为现代创新人才培养根本目标，一是要把德育放在首位，高度重视德育培养。德育的根本任务是帮助未来的社会主义建设者树立正确的人生观、世界观、价值观，是关系到人才培育、关系到社会主义的前途和命运的大问题。当今社会由于历史变革和社会转型的加快，市场经济的发展，人们以往所恪守的观念受到严峻的冲击，因此，高校应探索德育工作的规律，进行行之有效的教育，培养出现代社会需要的德才兼备的人才。二是要高度重视人才培养模式改革，造就合格的专业人才。在教学制度的设计上主要体现有利于学生的全面发展，有利于教学质量的保障和人才培养质量的提高，在开展教学过程中，应将课程设置与创新人才培养紧密结合。在教学方法上，应特别重视培养学生主动性和思维批判性、创造性习惯和精神的养成。同时，也要高度重视学生动手能力的培养。

2.现代创新人才培养根本目标要突出现代社会需要的创新型人才

创新型人才，即具有创新精神和创新能力的人才，通常表现出灵活、开放、好奇的个性，具有精力充沛、坚持不懈、注意力集中、想象力丰富以及富于冒险精神等特征。当前，我国正处于发展的重要战略机遇期，创新是知识经济时代的必然要求，也是高素质人才的重要标志。创新型人才尤其是高层次创新型科技人才匮乏是人才队伍建设的突出问题，严重制约着中国经济和科技的国际竞争力，影响着国家的长远发展。在科教兴国、人才强国、建设创新型国家和人才培养供给侧结构性改革等一系列重大战略中，高校承担着培养大批创新型人才的重任。在现代创新人才培养根本目标中要突出现代社会需要的创新型人才的培养，要着力培养学生清晰的思维能力、表达能力和写作的能力；以批评的方式系统地推理的能力，形成概念和解决问题的能力；独立思考的能力；敢于创新及独立工作的能力；与他人合作的能力；判断什么意味着彻底理解某种东西的能力，辨识重要的东西与琐碎的东西、持久的东西与短暂的东西的能力；熟悉不同的思维方式；具有某一领域知识的深度；具有观察不同学科、文化、理念相关之处的能力；具有一生求学不止的能力。

3.现代创新人才培养根本目标要突出现代社会需要的团队精神人才

团队精神人才，即具有大局意识、协作精神和服务精神的人才。团队精神的核心是协同合作，是个体利益与整体利益的统一。明确的协作意愿和协作方式则会产生真正的内心动力。团队精神是将人的智慧、力量、经验等资源进行合理的调动，使之产生最大的规模效益。团队精神具有目标导向功能、团结凝聚功能、促进激励功能、实现控制功能。团队精神能推动团队运作和发展，团队精神培养团队成员之间的亲和力，团队精神有利于提高组织整体效能。现代创新人才培养根本目标要突出现代社会需要的具有团队精神的人才，高校在实施创新人才培养目标中，要注重培养学生的团队精神，通过教学活动，充分发挥思想政治教育课对团队精神的培养，开展各种思想政治讲座，有针对性地培养大学生团队精神，加强班级建设，凝聚学生的向心力。同时，培育校园文化，增强学生的团队意识和合作能力，积极引导学生的社团活动，强化学生的团体意识，使学生在参加这些团队活动的过程中有所感悟，逐步凝聚出较强的团队精神。

三、人才培养的社会导向

从工匠精神与人才培养供给侧结构性改革视角考量，提出人才培养社会导向这一理念，不仅具有现代社会人才培养逻辑上的合理性和实践上的必要性，而且可以把人才培养供给侧结构性改革复杂的人才培养过程及众多环节统领起来，有利于把握人才培养供给侧结构性改革方向性核心问题；有利于把握人才培养供给侧结构性改革中着重改革创新的着眼点问题；有利于把握各种教育形式的高等院校在人才培养过程中的价值取向问题，对研究工匠精神与人才培养供给侧结构性改革来说无疑具有极其重要的理论意义及实践价值。

（一）人才培养社会导向的基本内涵

人才培养社会导向理念的基本内涵是教育在自然人向社会人转变过程中所形成的相对稳定的人才培养目标、规格以及相应的过程、方法和手段，是指导一般教育人才培养的方法论。人才培养社会导向理念提出的缘由是社会个体对社会的认识与适应，它是通过个体与社会环境相互作用而实现的，是一个逐步内化的过程，人的社会化是通过社会教化和个体内化实现的，教育是社会化的主要途径。人才培养社会导向理念对高等教育人才培养供给侧结构性改革来讲是蕴含其中的应有之义。

1.人才培养社会导向内涵现代高等教育的性质

从教育的性质看，现代各种教育形式的高等院校都是按照高度社会化要求建设的新型高校，这样的高等院校其人才培养理念必须体现社会化导向。高等院校的核心办学理念应是面向社会开放的。这种办学理念在实践上的具体形态就是全方位的社会导向。作为培养现代人才的创新型高校的标志，一是学校办学能力的形成来源于社会。学校通过整合社会资源蜕变为凝聚优质资源的重要载体并从根本上改变原有教育资源的自然属性，扩大它们的社会属性。经过这种蜕变将生成一种功能更加强大的新型教育方式和人才培养模式，无疑是一种高效率的人才培养方式，是教育体制的一项重大改革。二是学校一切教育活动的目的又回归到社会。学校通过释放经过整合的教育能量，成为满足和服务于社会及社会成员各种教育需求的优质教育平台。从我国高等教育发展现实来看，确立人才培养社会导向理念对高等教育无疑是一种现代人才培养理念和人才培养思路。人才培养社会导向理念高度涵盖了高等教育以服务社会为己任的办学灵魂和本质属性，高度凝聚了指导高等教育建设与发展的开放、整合、质量、特色等一系列新理念与新思维。人才培养社会导向理念符合现代人才培养方法论，符合人才培养供给侧结构性改革的方向和我国高等教育现实与长远发展的正确方向。

2.人才培养社会导向内涵终身教育特征的性质

从终身教育的性质看，终身教育是具有高度社会化特征的教育形式，这种教育形式其人才培养理念必须体现高度社会导向。我国教育改革的目标是构建全民终身教育体系，形成学习型社会。从教育规律分析，随着社会经济的快速发展，人们对接受高等教育的需求会越来越强，与之相适应的社会化教育程度也会越来越高，二者之间成正比关系，没有高度人才培养社会导向的教育理念，高等教育适应社会经济发展需求只能是停留在理论上的虚幻憧憬。人才培养社会导向理念和人才培养方式高度概括了现代高等教育理应所承担的使命。提出人才培养社会导向理念和人才培养方式的实践基础，是三十多年来我国教育改革开放的科学总结。从各种教育形式的高等院校发展的历史与现实来看，对人才培养社会导向的理念有一定的共识性和继承性，是各高等院校在不同时期得以生存和发展并具有旺盛生命力的源泉。从高等教育改革实践来看，传承人才培养社会导向办学理念，是深化自身教育改革，突破瓶颈，快速发展的关键点。将人才培养社会导向这一理念转换为各种教育形式的高等院校人才培养理念与方式，是人才培养供给侧结构性改革的集中体现；是解决人才培养供给侧结构性失衡问题，实现高等教育效益最大化的有效方式；同时，也是构建终身教育体系加快建设学习型社会的根本途径。

3. 人才培养社会导向内涵现代教育思维的性质

人才培养社会导向理念的内涵涉及高等教育对现代人才培养的所有要素及所有环节，然而，这些要素与环节都与现代社会思维和现代教育思维所涉及的社会导向密不可分，这就更加夯实了人才培养社会导向理念所内含的现代教育思维与现代教育理念的确立基础。适应社会经济发展对人才的需求，培养现代人才，只能用现代社会导向思维和现代教育思维方式来组织实施。现代社会导向思维和现代教育思维方式不仅贯穿于人才培养全过程，而且还出现在人才培养的所有要素及所有环节之中。人才培养没有定式，不同立足点，可以归纳出不同模式。纵观人才培养目标与人才培养模式的不同表述，均可从目标、原则、功能、环节、方法不同角度切入概括，各自都有值得肯定的特色和优长，也不同程度地存在偏颇和局限。但不可忽略且更不可背道而驰的则是社会导向这一航标，人才培养社会导向的现代教育思维，是现代教育思想、理念形成的前提基础，各高等院校在人才培养供给侧结构性改革中，可以依据特定的人群、年龄、教育任务及教育实践，形成特定的人才培养社会导向模式，以体现和凸显其人才培养社会导向的特色。人才培养社会导向的现代教育思维，用于终身教育领域，从覆盖面上、教育特色上、指导性上更具有重大的指导意义，把人才培养社会导向理念作为现代远程开放教育和现代高等职业技术教育的指导思想，总体上看更为确切。

（二）人才培养社会导向的体系框架

人才培养社会导向理念既是一种人才培养思想体系，也是一种人才培养实践模式。人才培养社会导向理念把各种形式高等教育人才培养过程的各个主要环节统领在社会导向理念之下，形成了一个较为完整的人才培养理念体系。在工匠精神与人才培养供给侧结构性改革研究过程中，通过总结分析、归纳、提炼现代社会所需求创新人才培养核心要素的基础上，形成一个较为完整的人才培养理念体系框架。

1. 人才培养对象社会导向

人才培养对象社会导向，即坚持有教无类、面向全体社会成员，依据社会和接受教育者需要设置专业或培训项目，实行多层次、多规格人才培养。人才培养对象社会导向，是针对传统的人才培养对象而提出的一种新的理念，各种教育形式的高等院校要根据社会发展需求，结合学校的实际情况，发挥特有的办学优势，把人才培养对象与社会实际发展需求相结合，培养符合社会导向的人才。一是人才培养对象要源于社会及社会成员的教育需求，即要源于社会结构完善的教育需求；要源于产业布局转型升级的教育需求；要源于文化发展繁荣的教育需求。二是人才培养对象要针对浩瀚无穷的教育需求科学选择和确定，即要在全面了解和分析社会及社会成员各种教育需求的基础上，以社会导向为依据科学选择和确定人才培养对象。三是要以社会导向方式来有效落实多样性的人才培养任务，即要通过与地方政府、行业、企业和社会组织开展联合，落实人才培养教育项目；要通过市场机制共享社会优质资源，加速提升人才培养能力。

2.人才培养过程社会导向

人才培养过程社会导向，即接受教育者通过多种互动包括师生互动、人机互动、生生互动、学习者与社会互动得到学习指导和各种支持服务，最终达到提高个人知识、能力及综合素养的目的，进而使自己作为社会成员以新的面貌融入社会。一是人才培养过程社会导向是由人才培养规律决定的，即各高等教育要秉承"有教无类""因需施教"的社会导向思维和人才培养方式来完成人才培养过程，要秉承"超越时空""有求必应"的社会导向思维和人才培养方式来完成人才培养过程；要秉承"尊重个性""有效教学"的社会导向思维和人才培养方式完成人才培养过程。二是人才培养过程社会导向体现在教学过程各个环节中，即高等教育所实施的专业及课程教学计划要体现社会导向特点；全过程的人才培养要体现社会导向的特点；社会实践的安排和组织要体现社会导向的特点；学习效果考核评价要体现社会导向的特点。三是人才培养过程社会导向最终落实到社会期待的人才培养目标上，即要将人才在培养过程中所获得的知识、技能和态度内化为社会导向的价值标准，要按社会导向培养转换社会角色所需的各种素质以及适应社会生活的实践能力，进而使所培养的人才以新的面貌融入社会。

3.人才培养成果社会导向

人才培养成果社会导向是学习者将学习成果转化为能力素质，成为更加适应社会需求、参与社会生活、履行社会角色的社会人，并在社会互动中实现学习成果社会共享与互动和衔接与提升。学习成果社会导向是人才培养社会导向的基本目标；是检验学习者学习成效和评价教育质量的基本要素。学习成果社会导向的实质是在与社会互动交流中衡量学习过程与成果的价值增值，在学习成果转化为思想品德与综合素质和实际能力与社会贡献的提升中考察学习成果社会导向的成效。一是在与社会互动交流中衡量学习过程与成果的价值增值，即学习成果社会化过程是学习者实现其学习价值增值的过程，学习成果社会化程度是学习者接受教育程度外显与内隐的综合体现；学习成果社会化揭示了教育的本质内涵，摆脱了传统的认知误区，具有重大的理论与实践意义。二是在学习成果转化为思想品德与综合素质和实际能力与社会贡献的提升中，考察学习成果社会导向的成效。三是在学习成果的存储上，应得以在互认、衔接中衡量学习成果社会导向的有效性。

4.人才培养标准社会导向

人才培养标准社会导向，即人才培养层次、人才规格、质量要求按社会需求区别定制、构建符合国家和社会需求的人才规格和质量标准，科学制订人才培养方案，用体现高度社会导向要求的人才标准体系引领高等院校各项改革和全面发展。一是人才培养标准必须体现国家、社会及公众的价值取向，即把国家、社会、公众多层次价值取向汇集起来，融合形成与个别化、多样性学习教育相适应的教育规格和评判体系。二是要紧跟社会需求培养受社会欢迎的人才，即要按照国家的统一要求，建立德智体美全面发展具体化的人才标准；要以社会用人标准为导向，建立以能力为主导的人才标准；要根据社会功能与社会角色相匹配的原则，建立与社会角色相一致的人才标准。三是要运用社会导向的思维和方式检验并形成适应社会经济发展的人才标准，即综合各种需求区别定制人才标准，与时俱进调整和优化人才标准；逐步实现人才标准体系化。

5.人才培养管理服务社会导向

人才培养管理服务社会导向，即坚持教育过程开放、环节控制、个性服务原则，一方面学校对学习者学习过程实施有效管理和提供支持服务；另一方面，组织利用社会力量，参与学习管理和服务业务，完善人才培养质量保证体系。人才培养管理服务社会导向贯穿于人才培养社会导向的全过程、贯穿于人才培养过程的各环节、贯穿于对学习者千差万别的管理服务工作中。一是要用人才培养社会导向理念构建以专业教学团队为核心的教学及教学管理服务队伍；二是要用人才培养社会导向理念完善管理服务制度体系；三是要用人才培养社会导向理念改造管理服务业务流程，四是要用人才培养社会导向理念形成管理服务技术支持。

6.人才培养质量评价社会导向

人才培养质量评价社会导向，即引入社会评价方法对人才培养效果进行评价，实行多渠道监督和信息反馈，形成完善的人才质量评价机制。人才培养质量评价社会导向旨在形成多层面、多主体相结合，体现社会导向特征的质量评价体系，从社会和市场选择人才的视角，确立质量评价的新型评价方式；由政府与社会和学习者与学校多元主体共同参与，构建质量评价监控和反馈体系，使评判的尺度既符合国家制定的标准，也符合社会及社会成员需求，且使学校与学习者共同建立起自我评价与自我约束、自我激励与自我完善的质量评价机制，将"评校""评教"与"评学"活动常态化。人才培养质量评价社会导向有利于实现质量评价的客观性和全面性；人才培养质量评价社会导向有利于实现质量评价的有效性和可操作性；人才培养质量评价社会导向有利于实现促进提高质量达到质量评价的目的。

（三）人才培养社会导向理念体系的逻辑关系

人才培养社会导向理念体系框架的六个方面，是现代社会所需人才培养的基本过程，涵盖了现代社会所需人才培养过程的主要环节。人才培养社会导向理念体系框架的六个方面是一个统一运作的整体链条，相互关联密切，彼此相辅相成，互为前提，各自作用不同，不可或缺。人才培养社会导向理念体系框架下的六个方面体现的是各种形式高等教育人才培养过程的核心要素，相互间具有较为严谨的逻辑关系。

1.人才培养对象社会导向体现高等院校的办学方向

人才培养对象社会导向体现高等院校办学方向的基本内涵是，社会需要什么样的人才，高等教育就应该培养什么样的人才。培养对象与培养目标方面，一是要满足社会角色需求。不同的社会分工和社会角色要求人们拥有不同的社会技能，高等教育应当根据个别化、多样性的学习需求，提供优质高效的学习支持服务。二是完善社会成员自身素质需求。随着社会的发展，人们会有更高层次的接受教育的需求，高等教育应该根据社会成员的需求找准办学方向。同时，人才培养对象社会导向是各种形式高等教育人才培养的根本动力，是高等教育办学方向的一种客观必然。随着国家的产业结构在变化，各个地区的产业结构在调整，导致对人才的需求也千差万别。坚持培养对象社会导向的办学方向，就是要抓住机会，利用自己的办学优势，与政府、行业、企业联合，适应产业结构的变化，培养专业化的人才。

2.人才培养标准社会导向体现人才培养的核心目标

人才培养标准社会导向符合社会对人才培养核心目标的需求。高等教育只有紧跟社会需求培养人才，按照国家的统一要求，建立德智体美全面发展具体化的人才标准，以社会用人标准为导向，建立以社会导向为主导的人才标准，根据社会功能与社会角色相匹配的原则，建立与社会角色相一致的人才标准，才能达到高等教育预期的人才培养目标。人才培养标准社会导向就是要与时俱进调整和优化人才标准。

提高人才培养质量。一是依据社会提出的新需求进行调整和优化；二是围绕学校教育改革创新成果进行调整和优化；三是抓住教学过程中的薄弱环节进行调整和优化。应指出的是，人才标准社会导向建设是一项系统工程，需要经历渐进完善的过程。随着高等教育的改革与发展，人才培养目标要逐步实现从个别到一般的提升，从特殊性到普遍性的提升，从单项标准与目标到系统化标准与目标的提升。

3.人才培养过程社会导向体现人才培养的关键环节

高等教育必须坚持以学生为中心，通过师生互动、生生互动、学习者与社会互动来完成人才培养过程。而这个社会导向的培养过程首先又必须在教学这一关键环节中体现出来。在实施专业及课程教学计划中体现社会导向，围绕人才培养规格和目标，全面组织落实专业及课程计划，这是人才培养过程中的核心环节。要积极探索专业建设新机制，在梳理现有专业基础上，制定专业建设和改造方案，注重特色专业建设，逐步形成具有办学特色的专业体系。在社会实践的安排和组织中体现社会导向，高度重视人才培养过程的社会实践环节，把提高解决实际问题的能力作为人才培养主要目标。当代社会，任何人都不能为自己的成长进步设置终点，必须不断进行知识更新和提高能力素质,才能适应社会的发展变化。只有实行人才培养过程社会导向,才能有效保证实现德智体美全面发展的人才培养目标,才能实现政治品质方面的培养目标,才能实现社会角色方面的培养目标,才能实现能力素质方面的培养目标。

4.管理服务与质量评价社会导向体现人才培养的保障措施

管理服务社会导向和质量评价社会导向是高等教育作为学校与系统、学校与社会、学校与学习者之间沟通与对接的桥梁和纽带,是一项复杂的社会工程,是人才培养对象社会导向、人才培养标准社会导向、人才培养过程社会导向、人才培养成果社会导向的重要支撑和实施保证。管理服务社会导向主张"服务化管理"和"人文化服务",这是管理服务社会导向的基本理念,'适应社会需求"是管理服务社会导向的根本宗旨,"充分协调、调动和利用社会各界的力量"是管理服务社会导向的必要手段。质量评价社会导向,主张要形成政府与社会及社会舆论和培养对象与学校为评价主体的多元评价体系,其评价指标体系要遵循系统性、可行性、稳定性和定量性相结合四项基本原则,构建质量评价社会导向的评价指标体系,这符合国家教育方针政策和社会发展要求。

人才培养社会导向是各种形式高等教育人才培养基本模式,有着统领性意义和作用。人才培养社会导向理论体系的基本架构在人才培养供给侧结构性改革实践中定将会被不断认识、不断探索和不断开发,使之得以不断地充实和进步。

(四)人才培养社会导向的重大意义

从工匠精神与人才培养供给侧结构性改革和创新人才培养模式视角考量,把人才培养社会导向理念作为各种形式高等教育人才培养总体构思提出,并能在实践中逐步成为各高等院校文化建设的核心价值体系,逐步形成一种创新的思维方式和教育方式,使人才培养社会导向这一理念在运作中发挥其引领作用,这对各种形式高等院校的建设来说无疑具有极其重要的实践价值。

1.人才培养社会导向理念是高等院校在建设中要把握的核心问题

人才培养社会导向理念是各种教育形式的高等院校在建设中要把握的核心问题。只有把握住这一核心问题,才会正确把握学校的发展方向,提高对人才培养目标在认识上的科学性、定位上的准确性、目标上的创新性,突破教育的传统理念,突破大学的固有模式,突破发展的校本思维。人才培养社会导向理念是适应构建学习型社会的需要,是"以人为本"科学发展观的一项惠民工程,是教育适应社会发展需求的一项重大改革任务。因此,高等教育人才培养供给侧结构性改革的首要任务是确立人才培养社会导向理念、人本化以及开放性、系统性的思维方式。只有以人才培养社会导向理念为人才培养思维创新的起点,继而才能实现其他各种创新任务目标,尽早实现人才培养供给侧结构性改革的基本目标。

2.人才培养社会导向理念是高等院校在建设中要把握的价值取向

人才培养社会导向理念是各种教育形式的高等院校在建设中要把握的正确的价值取向。只有把握这一价值取向，才能引领各高等院校在建设中把握人本化和学习化的价值取向；才能引领各高等院校在建设中把握满足全民学习的需求、促进人的自我发展的价值取向；才能引领各高等院校在建设中把握社会化与人本化相统一的价值取向。

3.人才培养社会导向理念是人才培养供给侧结构性改革的战略目标

人才培养社会导向理念是人才培养供给侧结构性改革中要把握战略目标。只有把握这一战略目标，才能有利于引领各高等院校在人才培养供给侧结构性改革的战略方向；才能有利于引领各高等院校在发展建设中把握构建全民学习、终生学习，"基本形成学习型社会"的战略目标；才能有利于引领各高等院校为创建一个有利于全民学习、终身学习氛围和态势的服务方向，才能有利于逐步建设成一个学习型社会或学习化社会，进而提升人力资源优势、应对全球化挑战。

综上可知，把人才培养社会导向理念作为人才培养供给侧结构性改革的基本理念，必将在人才培养过程中充分发挥其特有的统领和指导作用，必将有助于教学管理、课程教学、实践教学、课程设计、自主学习、支持服务、课程考核、质量评价等具体模式的构建，必将有助于各高等院校在建设中形成最佳方案，找到解决问题的最佳办法，高效完成人才培养供给侧结构性改革任务。

第三节 工匠精神与人才培养的应用对接

研究论证工匠精神与人才培养的应用对接，是因为工匠精神是人才培养社会导向的客观要求。当前，我国制造业正处在转型与升级的重要关口，供给侧结构性改革正在加速推进。培养适应现代经济社会发展需要的技术技能型人才，大力推进工匠精神的培育，已成为中国由制造大国迈向制造强国，实现"中国制造"宏伟蓝图的战略举措。中共中央印发的文件《关于深化人才发展体制机制改革的意见》指出，深化技术技能人才培养体制改革，大力培养支撑中国制造、中国创造的技术技能人才队伍。因此，构建现代高技能人才培养体系，适应当前社会经济发展对技能型人才的需求，培养技能型人才的工匠精神，是时代赋予职业教育的历史重任。

工匠精神之所以受到国家和政府的高度重视，其主要原因在于它契合了我国社会发展的现实需要。它首先是贯彻发展新理念、树立崇尚劳动新风尚的内在要求。培育和弘扬工匠精神，有利于将创新、协调、绿色、开放、共享的发展新理念落实、落细，同时也将进一步激发广大劳动者的劳动热情，通过诚实劳动来实现人生的梦想、展示自己的人生价值，推动形成良好的社会风尚。工匠精神是践行社会主义核心价值观、弘扬劳模精神、劳动精神的具体实践。核心价值观个人层面的"敬业"和"诚信"，与工匠精神蕴含的职业理念和价值取向高度一致。工匠精神还是推进供给侧结构性改革、实现从制造大国向制造强国转变的重要推手，也是提高职工就业创业能力、实现全面发展的重要动力，是引导广大职工立足本职岗位劳动创造，切实提升技术技能素质，不断发展工人阶级先进性的有力抓手。

一、培育工匠精神是社会发展对人才培养提出的客观要求

随着我国经济发展方式转型和产业结构升级，强调精益求精理念的工匠精神备受国家和政府重视。2016年3月5日，国务院总理李克强在做政府工作报告时提到，鼓励企业开展个性化定制、柔性化生产，培养精益求精的工匠精神。2016年3月17日，《中国国民经济和社会发展第十三个五年规划纲要》提出，营造崇尚专业的社会氛围，大力弘扬新时期工匠精神。2017年3月5日，国务院总理李克强在《2017年国务院政府工作报告》中再提工匠精神，明确提出"大力弘扬工匠精神，厚植工匠文化，恪尽职业操守，崇尚精益求精，打造更多享誉世界的'中国品牌'，推动中国经济发展进入质量时代"。"中国制造"亟须的大国工匠，人才培养的供给侧结构性改革，都需要蕴含工匠精神的教育。

当前，建设高素质技能型人才队伍、打造大国工匠、培育新时期的工匠精神已经成为社会各界关注的焦点。所谓工匠精神，是指工匠对自己的产品精雕细琢、精益求精、追求完美的精神理念。工匠精神从其内涵上讲主要表现为工作态度、职业精神和价值观三个层次。首先，是专业、敬业、严谨的职业态度，在工作领域体现自己的专业素养并且热爱自己从事的岗位，对于产品的每个环节一丝不苟，力求每个细节的完美。其次，是耐心、专注、坚持的精神品质，技术工人对于产品制造过程的高标准持之以恒，在工作岗位上数十年如一日，甘于平淡与忍受寂寞。最后，是一种人生价值的实现，把产品品质的提升当作是自我价值的提升，把产品看作艺术品，享受生产制造产品的过程。工匠精神的提出，对于企业、职业院校和个人发展都具有重要的现实意义，培育工匠精神，是中国经济转型升级发展的需要，是企业、高职院校生存发展的需要，也是高职学生个人发展的需要。

（一）培育工匠精神是中国经济转型升级发展的需要

当前，我国经济发展正处于转型升级的关键期。如果说提高科技创新水平、强化工业基础能力、提升信息化与工业化融合水平是制造业转型升级的"硬件"，那么，大批具有工匠精神的高技能人才则是制造业转型升级必不可少的"软件"。缺少"软件"支撑的"硬件"，难以充分发挥作用。国家"十三五"发展规划提出，我国将深入落实"中国制造2025"战略，实施智能制造工程，构建新型制造业体系。实施制造强国战略的实践主体是广大制造业企业，毋庸置疑，这一战略的实现靠人才。

从制造业的生产规律来看，既需要一批理论功底扎实、掌握核心技术、善于创新创造的研发人员，更需要一大批实践技能突出、具有娴熟技术、善于解决实际问题的高技能人才。客观上，"技工荒"特别是高素质技术工人缺乏，直接导致了我国制造业尚处于大而不强、大而不精的业态，远不能满足现代产业体系建设的需要，中国制造业转型升级和工业强国战略实施离不开掌握精湛技能和高超技艺的产业工人的支撑。

（二）工匠精神是企业生存、发展的重要保障

据统计，全球寿命超过200年的企业基本集中在日本、德国，中国只有屈指可数的几家，他们长寿的秘诀就是产品的品质，但品质的保证最核心的因素还是人，而表现出来的正是对工作一丝不苟、对品质精益求精、对产品推陈出新的工匠精神。追求卓越品质的工匠精神是企业文化的基石。企业文化体现了一个企业的核心价值观，直接影响着员工的职业态度，最直观的表现就是员工生产的产品，而对产品品质的追求正是工匠精神最本质的体现。纵观历史，中国也不乏像长城、都江堰等享誉中外的作品，即使到现在，像格力、海尔、华为等国内优秀品牌仍然得到大家青睐，究其原因正是始终坚持对品质的极致追求。如果都抱着"差不多"即可的思维，不愿意花时间、花精力去打造产品，一味求快、求量，产品必然沦为"粗制滥造"，更谈不上企业的发展。因此追求品质的工匠精神是企业文化的最基本组成部分。同时，一丝不苟的工匠精神是企业制度得以执行的保障。产品质量的保证不仅需要员工的自觉，更需要对制度的严格规范。对制度的严格落实，对细节的严格把控，正是一丝不苟的工匠精神的表现。企业的品牌是企业最重要的形象，一个拥有工匠精神、推崇工匠精神和维护工匠精神的企业，才能持续生存发展。因此，工匠精神是这个时代宝贵的精神财富，传播、实践工匠精神对企业而言有着很强的现实价值，是其在激烈的竞争中立于不败之地的法宝。

（三）工匠精神是职业院校自身生存、发展的需要

职业院校以市场需求为导向，以学生就业为目标，必须重视企业的人才需求。根据对国内600多家企业的调查，大部分企业对青年就业人员的最大希望和要求是：除了上岗必需的职业技能之外，还必须懂得做人的道理，具备工作责任心。他们几乎一致认为，经验、知识和能力可以在工作实践中逐步培养，但是为人、工作责任心等基本素质必须从学校抓起并逐步形成。因此，高职院校在加强培养学生职业技能的同时，还应高度重视对学生职业精神的塑造和培养。加强高职学生职业精神培养也是高职院校自身发展的需要，高职学生在社会上的认可度代表着学校的人才培养水平，高职院校必须以市场为导向，重视对学生职业精神尤其是工匠精神的培养，增强其就业竞争力，以毕业生的良好社会声誉实现高职院校的可持续发展。事实证明，具备良好工匠精神的高职学生更受企业的青睐，他们在实现自身发展、企业发

（四）工匠精神是学生就业和个人发展的现实需要

职业教育是培养市场所需要的应用型人才的教育。在塑造学生职业精神时，若能强化其工匠精神的培养，将极大地提高其人力资本的附加值，促进高职学生的就业和未来职业的发展。企业在高职院校挑选人才时除了考察毕业生的知识水平和专业技能之外，更希望了解学生的工作态度、职业精神、职业道德。工匠精神的熏陶能够促使高职毕业生良好职业素养和精神的形成，大大增强就业的竞争力，使其在未来的职业生涯中更容易脱颖而出，取得成功。工匠精神中所包含的严谨、认真、一丝不苟的工作态度，在高职毕业生的职业生涯发展过程中起着重要的影响，这些具有工匠精神的员工更容易受到企业的青睐，也就比其他人有更多的晋升机会。另外，工匠精神对个人的发展也具有现实意义。人是一种社会性的动物，被动的、消极的工作必然深深压抑人的内在自我发展。马斯洛的需求层次理论告诉我们，除了生理性和基本安全的需要，人们还有自我实现的需要。作为从业者，需要有一定的归属感和成就感，以此产生"价值感"。这种自我实现的价值感一方面来自个体对于社会的贡献，另一方面来自自身知识、技能等的转移与升华性创造。企业发展和企业品牌的树立需要具有工匠精神的员工去实现，而个人要实现自己的人生价值也离不开企业的发展和企业品牌的树立。企业为个人实现自己的人生价值创造了平台。因此企业的每一个员工只有秉承工匠精神，对待自己的工作精益求精、精雕细琢，这样才能使自己的知识和能力得到升华，使自己的认识水平和管理水平达到一个新的深度和高度，最终创造出品质最优的产品和服务，从而也使自己的人生价值得到体现。

二、重拾工匠精神是时代赋予职业教育的使命

培育工匠精神，是社会发展的呼唤，是国家强盛的需要。在实现制造大国向制造强国、中国制造向"中国智造"转变的进程中，需要将精雕细琢、精益求精的工匠精神融入现代工业生产与管理实践，以提升中国制造的含金量和竞争力，这是我们反复强调工匠精神的意义所在。作为为产业培养技术技能人才的主要渠道，职业教育在培育工匠精神方面担负着义不容辞的使命。职业院校是培养、训练有开拓创新意识、良好职业操守和专门技术技艺的建设者和接班人的主阵地，培育和塑造具有中国风格、中国气质的工匠精神是其办学指导思想和定位的核心与精髓。

（一）工匠精神与职业教育人才培养目标的定位相契合

高等职业教育培养的是面向生产、建设、服务和管理第一线的高素质技术技能人才，这与工匠精神不谋而合，工匠专注的职业态度正是高素质的最好诠释，而工匠精湛的职业能力则是技术技能的集中体现。工匠精神中的职业态度要求工匠们把

产品当成艺术，用生命去雕琢。其内涵包括：以追求完美和极致为目标，本着精益求精、一丝不苟的敬业态度，专业、耐心、专注、坚持不断地提升产品和服务，打造本行业最优质的产品。众所周知，科技进步、社会繁荣与企业发展离不开职业教育，培养工匠精神自然也离不开职业教育。近十年来，职业教育快速发展，成果丰硕，受教育者的职业能力显著提高，但这一发展过程中，一些职业院校急功近利，忽视对学生工匠精神的培育，一味重视专业能力培养，而忽视了职业素养的培育，导致就业稳定性差、绝技绝活难以传承发展、产品质量的提升过于依赖先进设备而忽略了人的因素等现象，企业的转型升级面临新的瓶颈。因此让工匠精神在职业教育中扎根是经济发展和科技进步的根本要求。

（二）工匠精神为职业教育高技能型人才的培养指明方向

高技能型人才的培养无疑是我国高职院校人才培养目标的落脚点，所谓的高技能型人才，就是具备精湛专业技能，并且能熟练使用技能解决技术难题，满足更高技术标准和工艺要求的技术技能型人才。但是由于我国高职院校的行业背景、学制结构、培养模式不尽相同，所以在高技能人才培养的认识方面存在差异。工匠精神一经提出备受高职院校教研人员关注，其原因是，对于工匠精神呼唤的本质就是对于高技能人才培养的渴望，工匠精神为高职院校的高技能人才培养指明了方向。培育具备专业理论与职业技能的高素质人才是职业教育的基本任务，而拥有高尚的职业道德，具备优秀的工匠精神，更是提升职业院校人才培育质量的关键。

（三）工匠精神是职业教育内涵发展的指导思想

把工匠精神作为职业教育的重要内容和学校教育的指导思想，必然会给职业教育带来革命性的变革。因为，只见物而不见人，只见技能、技艺和技术而不见精神，职业教育的这条老路就难以为继。因此，必须要在人才培养模式上，在专业课程教材的建设上，在教育方法的创新上有一系列的变革，从而使教育教学的全过程具有极强的人文性、价值性和思想性。许多企业在录用职业院校毕业生时，会更重视"德"，这实际上表明了人才的生命力之所在。所以，对工匠精神的正确理解，以及对它的适应与培育，成为学校教育教学改革的一个重要方向和指导思想。

（四）工匠精神是职业教育"立德树人"的灵魂

教育的根本任务是立德树人，具体到职业教育，要有自己的规律和特点，有自己独特的表现形式，有独特的精神内涵，有独特的灵魂。工匠精神属于职业精神范畴，是职业院校毕业生的基本职业道德素养之一，也是人力资本的重要内容。只有这样去理解工匠精神，才能既将教育的根本任务落到实处，又使职业教育有自己独特的判断和选择，切实提升职教学生的职业道德水平。职业教育坚持以立德树人为根本任务，就必须要高度重视工匠精神的培育，只有这样，才能给职业教育灌注丰富的思想内容，才能提升职业教育真正的人文价值，也只有这样，才能给职业教育带来思想政治教育的特质和亮点。所谓职业教育要培养"德艺双馨"的人才，它的"德"，就应该包含着工匠精神。

总之，职业院校培养数以万计的崇尚劳动、敬业守信、精益求精、敢于创新的技术技能人才的过程，实际上就是渗透、培育工匠精神的过程。从这一意义上说，职业院校是培育工匠精神的起点。

三、我国职业教育面临的困境

职业教育作为高素质技能型人才培养的主渠道和工匠精神培育的主阵地，近年来受到党和国家的高度重视，职业教育无论是在校人数还是就业比例都得到长足发展。全国有1000多所学校在做职业教育的转型，国家也从战略高度提出了职业教育的改革，但目前职业教育依然是我国教育领域的软肋，职业教育在专业特色、人才规格等方面，存在结构性短缺。

（一）职业教育的规模、层次结构难以满足社会经济发展需要

作为培育工匠精神主阵地，我国职业教育的规模和层次结构都难以满足社会经济发展需要。首先，职业教育办学相对规模仍显不足。20年来，我国的高职院校从400所增加到1297所，在校生由100多万增加到1000多万，办学规模占据了高等教育的"半壁江山"。但是，与西方发达国家相比，仍然有较大的差距。例如，在德国、瑞士、奥地利、比利时等国家，选择接受职业教育的适龄学生占比超过了70%。其次，职业教育层次结构不够健全。我国初步建立起的中高衔接的职业教育体系，还存在中、高职培养目标定位不清，教学内容重复、脱节的现象。在工匠精神得到很好传承的德国、瑞士、日本等国家，很早就建立了从中职、专科到本科、硕士、博士完善的职业教育体系，但我国目前职业教育体系绝大部分仅限于专科，很少有本科及以上层次，导致技术技能人才培养层次的断层。职业教育体系不能很好地满足我国经济结构调整、产业优化升级对高级技术技能人才的需求，工匠精神的系统培育、传承与沉淀更是无从谈起。

（二）专业设置缺乏科学合理规划

对于职业院校而言，专业是其与社会联系的桥梁，直接影响其培养模式、课程设置、招生类别、发展方向及社会声望；对学生个体来说，所学专业在很大程度上决定其知识结构、工作能力和就业面向。从这一意义上讲，专业设置是职业教育的核心环节。但在实际操作中，有相当一部分职业院校没有为专业设置而设立研究机构，对专业开发的方法不甚了解，在开设专业时缺乏合理科学的规划，忽视对社会需求情况的调研，缺乏科学有效的专业论证和预测机制，导致专业设置滞后于社会经济发展特别是知识经济的变化和需求，没有形成与地方经济的主导产业发展趋势相适应又立足于自身办学条件和办学特色的切实可行的专业发展规划。有些职业学校的专业设置片面迎合社会、家长和学生的口味，投其所好，盲目赶潮流，甚至成为学校创造经济效益的主要手段，结果造成许多毕业生难以找到专业对口的合适工作。专业设置不科学不合理，严重影响了职业教育为经济和社会发展服务功能的发挥。

（三）人才培养过程重技轻人的价值取向严重

长期以来，职业教育重技能轻文化的思想偏颇严重，过分强调专业技能教育，对基础文化教育不够重视。很多高职院校当前对"文化育人"还存在着认识模糊、特色不鲜明、内容不完整、动力不足、机制不健全、落实不到位等问题。认识上的不足，导致工匠精神培养未能完全渗透融入专业教学中，难以贯穿人才培养的全过程。职业院校更多关注专业知识的教授与专业技能的训练，而对人的发展未能给予足够重视，职业素质养成缺少，无形中把学生当成了技术的容器，试图使其成为掌握实用技术技能的高级"机器人"，体现的是典型的"技能至上"功利主义理念，偏离了育人的教育目的。职业院校过分重视人才市场对学生技能的需求，忽视包括工匠精神在内的职业精神的培养。这种理念下培养出来的毕业生在技能型人才紧缺的今天虽然基本能实现首次就业，但缺乏可持续发展能力和创新能力。

（四）缺乏具有工匠精神的教师队伍

教师问题是职业教育领域较为突出的问题之一，职业院校的教师大多是从校园毕业后直接步入教师岗位，缺少系统的专业实践锻炼和示范能力的训练，在职阶段又缺乏专业实践的有效途径，自身就不具备工匠精神，这种情况下不可能培育出具有工匠精神的学生。兼职教师是优化教师队伍和师资结构的重要举措，但由于政策支持力度不够，兼职教师力量也得不到充分发挥。部分教师对职业学校学生存在偏见，教学敷衍、育人意识淡薄、缺乏敬业精神。这种情况下，很难谈及工匠精神的培育。

（五）职业教育毕业生能力素质不足，就业的质量不高

毕业生离职率居高不下，不但浪费了企业招聘成本和管理费用，对毕业生自身的职业发展也十分不利，究其原因，一方面是学生没有一个科学成熟的职业生涯规划，缺乏明确的职业生涯目标；另一方面是"爱岗敬业"职业精神的缺失。虽然技能人才的缺乏使得职教毕业生能迅速就业，但是用人单位很快发现这些学生在职业精神、实际动手能力、创新能力上的缺陷，遑论成为"工匠"了，因此职教毕业生就业初期离职率、流动率远高于其他学历毕业生。职业院校培养学生的工匠精神，教育学生树立职业生涯目标，踏踏实实向着目标不懈追求，持续提高自己的技术技能水平，不但是满足产业结构升级对高技能人才的需求，也是当前职业教育更好地为经济社会发展服务的迫切需要。

（六）校企合作未能真正发挥作用

随着工业社会的进步与发展，企业原有的传统学徒制传习方式逐渐退出历史舞台，当"工匠"由高等学校规模化培养后，校企合作便成了培养技艺、塑造工匠精神的有效路径。《国务院关于大力发展职业教育的决定》明确指出"企业可以联合举办职业院校，也可以与职业院校合作办学。企业有责任接受职业院校学生实习和教师实践"，行业主管部门和行业协会要"参与国家对职业院校的教育教学评估和相关管理工作"。但现实是，我国企业、行业对职业教育的参与面窄、参与度低，甚至很多是挂牌参与、名义参与、人情参与。到目前为止，职业教育不是企业的法定义务，企业没有成为职业教育的主体；行业也没有承担规划、评估职业教育的职责。所以，新知识、新技术就很难进入教学体系，学校很难把握最新科技动态和需求方向，难以保证学校的教学活动处于科技领先水平，制约复合型、创新型高技能人才的培养，影响高职教育目标的最终实现。究其原因，是行业、企业必须参与职业教育的外在制度缺失，内在驱动乏力，实际合作收益小于期望收益，因而，出现了校企合作学校一头热的局面。

四、工匠精神融入职业教育的途径

工匠的成长和工匠精神的养成既要依靠学校教育与实践，也要依赖于其日后在职业岗位上的培训和提升。但是，按照一个人职业成长和发展的规律，个人职业前期的教育至关重要，它会影响一个人未来的职业发展甚至决定个人一生的发展命运。因此，职业教育更应该把工匠精神作为职业素养教育的重点内容，让工匠精神渗透到职业教育各个环节、全部过程，以确保职业教育人才入职前就具备强烈的工匠精神意识、拥有优秀的工匠精神品质、形成良好的工匠精神习惯。

（一）构建现代职业教育体系

根据产业结构调整和经济社会发展的特点，进一步优化职业教育专业布局调整，全面建立职业教育总量规模和专业设置与产业结构相匹配的现代职业教育体系，着力培养多层次、高素质的技能型、应用型人才，为我国经济建设转型升级提供坚强的人才支撑。应科学制定和统筹安排中、高职的培养目标、专业设置、教学内容等，按职业能力要求整体设计培养方案，将学生的职业素质、工匠精神培育系统贯穿于整个教育过程；发展技术本科，逐步创办和试点研究生层次的职业教育，使职业教育体系向纵深发展形成完备的职业教育体系，大力培养满足经济社会发展需求的具有工匠精神的高级技术技能人才。

（二）科学规划专业设置

专业设置是职业教育实现培养目标和实施教学活动的基础工作，也是职业教育主动服务、适应经济社会发展的关键环节。专业设置合理与否，直接关系着职业学校办学水平和办学效益的高低，影响着职业学校的生存与发展。首先，专业设置必须以需求为导向。社会需求是职业教育发展的最大动力，职业学校应该站在社会和企业实际需求的高度去探讨，充分思考潜在市场或未来市场需求，充分考虑未来产业结构的变化和优化升级，学校应根据社会发展变化和企业、行业的需要，科学、灵活地设置专业和调整课程，保证专业课程设置与人才规格的社会需求性。其次，要依据专业目录规范设置专业。专业目录规定了专业划分、专业名称及所属门类，反映了培养人才的业务规格和就业方向，是国家和各级教育行政部门规划职业教育发展、设置与调整专业、实施人才培养、安排招生和指导毕业生就业、进行教育统计和信息处理等工作的重要依据，是进行行政管理和学校教学工作的基本指导性文件。最后，专业设置要体现发展性。现在的社会是一个"日新月异"的社会，新生事物的出现犹如"雨后春笋"，职业学校必须把握时代的脉搏，及时研究、分析时代发展的新动向、新趋势，了解某些新兴行业、新兴部门对人才的需求情况，对未来人才市场的需求进行科学预测，适时开设新的专业，同时，对现有专业，要根据社会发展的需要，及时进行拓宽和改造，使学生能赶上社会快速前进的步伐。职业教育的专业设置，无论是培养目标的确立、学制的确定、课程的安排、教学内容的选择等，都不仅要使学生具备单一专业的知识与技能，更要为学生今后的职业生涯发展打下坚实的基础，要为学生的持续发展提供条件。

（三）将工匠精神作为办学理念并贯穿始终

对职业院校来说，要将工匠精神教育作为办学的基本理念，并贯穿始终，将培养学生的工匠精神融合到现代职业教育体系，在职业教育中深化文化育人的理念，将职业道德、人文素养教育贯穿人才培养全过程。首先，在人才培养上融入工匠精神的教育，将职业精神的教育融入课程中。其次，完善职业教育课程体系。一是在专业课程中传授，切实在专业课程教学目标中增加对工匠精神的有效认知，让学生在专业课程传授中认识工匠精神，感受工匠精神。二是转变教学模式，在实践课中体验，让学生在实践中亲手操作，让学生能切身感受到工匠精神的实质和价值；营造工匠精神体悟氛围，让学生在企业中实习，体会工匠精神所带来的实质和价值，提升职业认可度与职业承诺。三是制定科学的职校学生评价标准，把工匠精神作为检测学生的评价标准之一。

（四）打造具有工匠精神的师资队伍

随着社会的发展进步，时代赋予了教师更多的使命。教师的素质和能力与教育的发展密切相关。可以说，教师是教育发展的关键所在，高质量的教育需要高质量的教师。当前许多行业都十分重视工匠精神的作用，这也是当前时代精神的一部分。教师作为一个专业性较强的职业，也需要工匠精神的引领。教师的职业精神与工作态度除了受到其自身因素影响外，还会受到教师教育活动的影响。如今，在职前、入职及在职的教师教育过程中，除了要提高教师的专业素养和教学能力外，还应帮助教师重拾工匠精神。这不仅是时代发展的要求，更是教师工作的现实要求。要让工匠精神在高职院校生根、发展和传承，高职院校的教师首先必须都应是"老工匠"，具备精益求精、一丝不苟的专注与敬业精神，具有高超的技艺技能，同时还必须具备无私奉献的品质和传承工匠精神的教育教学方法。高职院校教师不仅是一名技艺工匠，需要具备扎实的理论功底和高超的技艺技能，同时还必须是一名教学工匠，需要具备无私奉献的品质，具有现代高职教育教学理念，能熟练运用职业教育方法以达到传承技艺技能及职业素养的目的。

目前，我国还没有高职院校教师的专门培养机构，大多数高职院校只能通过校企合作、校本培养等方式培养师资队伍。首先，建立长期有效的师资培养机制是培养教师工匠的前提。其次，充分利用职业院校资源，以老带新，形成传、帮、带的良好局面，并不断补充新生力量促进师资培养的创新。再次，应该加强校企合作，让市场需求、技术技能更新推动职业院校师资培养，充分体现职业教育的职业性。"师者，所以传道授业解惑也。"教师不仅传授知识和技能，更重要的是言传身教、师德的感染影响。教师的教学态度和行为规范将直接影响学生今后对工作和职业的认知与态度。为此，应加强对教师职业素养的培养，并建立教师职业素养标准和评价体系，规范和提高教师素质，更好地指导和培育学生具备工匠精神。

（五）深入开展校企合作

伴随工业社会的演进，传统学徒制"言传身教"的传习方式日渐式微，当工匠由学校规模化培养后，校企合作成为培养技艺、塑造工匠精神的有效路径。校企合作是我国高等职业教育改革和发展的方向，也是目前职业教育最具前景和生命力的培养模式。校企合作充分发挥学校和企业在人才培养方面各自的优势，使学生在学校掌握理论知识的同时，在企业实践中接受企业文化、企业精神的熏陶，从而使学生得到全面的锻炼和培养，真正达到育人的目的。校企合作是发达国家发展职业教育的主导模式，并被视为非常重要的国家发展战略，为其提供法律法规保障、建立相应的管理和监督机构，从制度上规范校企合作的实施。而这些恰恰是我国开展校企合作所缺失的。结合我国国情，制定并完善有关校企合作的法律法规，对校企合作的利益主体、合作过程、监督评价等做出具体规范；联合多部门组建校企合作管理机构，统筹管理相关事项，使校企合作有序开展；制定激励企业参与校企合作的政策措施等。通过提高校企合作成效，使学生躬行践履、知行合一，实现从知识、技能，到素养、精神的高度融合，真正落实工匠精神的培育。

（六）创新人才培养模式

培育精益求精的工匠精神，离不开高校人才培养模式的创新，"现代学徒制"是当前培养学生工匠精神的较为有效的人才培养模式。现代教育的方式多种多样，但耐心、专注、坚持等品质气质要传到下一代，最好的传递途径仍是情感交流和行为感染，这就是现代学徒制的价值所在。让工厂的能工巧匠和学生建立师徒关系，在真实工作环境、项目任务下言传身教，这样才能培养出当代的匠人。"现代学徒制"是通过职业院校与企业的深度合作，教师与师傅的携手传授，共同培养社会所需要的技能型人才。其实我国传统的"学徒制"由来已久，许多"工匠大师"几乎都是传统"学徒制"的产物。但是，传统"学徒制"显然不能满足从制造大国迈向制造强国的大批量人才需求，将传统的学徒培养与现代学校职业教育紧密结合的"现代学徒制"，是弥补这一缺陷、培养高技能人才的必然选择。相比传统职业教育，"现代学徒制"的基础是校企深度融合，工学交替、岗位育人，磨炼学生的实际操作技能，这正是工匠精神的根本。英、德等国家"现代学徒制"人才培养开展普遍，制度规范，企业参与度高，500人以上的大企业学徒制参与率高达91%。学员一般每周在企业接受3至4天的岗位实践教育，在职业院校接受1至2天的专业理论教育，专业理论学习和岗位实践相辅相成、相互促进，这正是英、德等国家制造业人才辈出、创新不断、质量一流的关键。"现代学徒制"的培养模式在我国职业教育中还处于探索阶段，还有很多问题需要解决。宏观层面上，需要政府完善顶层设计，制定国家层面的政策法规，出台对参与企业用工、税收等方面的优惠政策，促进地方政府和行业组织进行积极有效的管理和运行保障，解决教育主管部门不能对企业进行足够约束的难题。中观层面上，需要教育主管部门以及各政府职能部门在服务机构、专项资金上给予支持。微观层面上，需要各职业院校创新校企合作人才培养的体制和机制，建立适应"现代学徒制"的课程体系、双师队伍、教学质量评价体系，完善双身份学生管理制度，保障人才培养质量。加大对学生家长、用人单位的宣传，使"现代学徒制"真正得到全社会的参与和认同。

第六章 "校企共育能力递增"人才培养模式的实践

第一节 "校企共育能力递"增人才培养模式的实践概况

一、搭建校企共育人才培养平台

如前所述,"校企共育能力递增"人才培养模式是基于订单式校企合作的,由高职院校与用人企业共同开展的,促进企业订单人才对接性职业能力培养的一种高职人才培养模式。由于"校企共育能力递增"人才培养模式具有区域性、对接性和实践性特征,且对接性特征最为显著,因此,我们首先考虑了实施校企共育人才培养的平台搭建。此处所指的校企共育人才培养平台是指保障"校企共育能力递增"人才培养模式实施所需的基础条件,包括选择订单式合作企业和组建适合校企共育的"共育订单班"等。

(一)选择地方区域优质企业开展订单式校企合作

在考虑了服务地方经济建设、学生"工学交替"的教学便利以及企业的人才需求状况,我们选择了位于涪陵的区域企业——重庆三爱海陵有限公司搭建机电一体化技术专业的校企共育人才培养平台。重庆三爱海陵有限公司系涪陵区重点企业,是中国历史最悠久、产销规模最大、市场占有率最高的汽车、摩托车及通用汽/柴油发动机进/排气门产品制造商,其生产环境、产品研发能力、制造工艺及装备水平处于国内领先地位,其中关键的加工、检测设备已达到国际先进水平;该企业具备年产进排气门1.5亿只的生产能力，产品在国外和国内市场的占有率已分别达到5%和29.5%，产销规模位居亚洲第一。目前该公司不仅为锡柴、大柴、奇瑞、比亚迪、长安、东安、吉利等国内众多知名品牌汽车生产配套器件，还成了大众、通用、福特、康明斯等国际品牌汽车的全球供应商。在未来三年，该公司产能将从现有47条机加工生产线增加到67条，年产进/排气门将达到2.2亿只，产销规模将跃居全球第一，其生产规模、生产实力、技术实力、市场实力和社会声誉以及发展潜力毋庸置疑。由于该企业的人力资源规划具有战略性背景，因此，我们与该公司洽谈订单式校企合作并通过校企共育以培养企业未来技术技能型人才时，公司表现出浓厚兴趣和真实诚意，校企双方的洽谈协商取得共识，于2012年11月签订了"订单式校企合作人才共育协议"，共同组建了由30名学生组成的"共育订单班"实施校企共育人才培养。

（二）组建实施校企共育人才培养的"共育订单班"

为了培养三爱海陵公司因生产规模扩大急需的技术技能型人才，我院与企业双方决定在机电一体化技术专业学生中组建"共育订单班"。在机电一体化技术专业学生自愿报名的基础上，校企双方共同组织素质测试，并参考学生的前期学习情况确定了"共育订单班"人选。由于订单人才培养存在可能性流失以及可能不能达成最终双向选择意向等问题，因此，为确保企业订单人才数量符合企业预期需求，双方协商放大比例组建由45名学生组成的三爱海陵班，并按双方研制的人才培养方案单独开展教育教学活动。搭建机电一体化技术专业的校企共育平台，为"校企共育能力递增"人才培养模式的实践创造了良好基础条件。

二、实施"校企共育能力递增"人才培养

（一）共同组建校企共育组织

校企共育组织是校企双方共同实施人才培养的保障性组织，我们将"三爱海陵班"的校企合作共育组织确定为"三爱海陵班人才共育委员会"，由学院9名教师与三爱海陵公司技术部门、生产部门等6名专家共同组成，并由学院机电系主任担任主任委员，三爱海陵公司人力资源部部长和学院机电教研室主任担任副主任委员。"三爱海陵班人才共育委员会"的主要职责包括：

根据三爱海陵公司相应职业岗位（群）对人才的需求，提出机电一体化技术专业（三爱海陵班）人才培养目标定位、规格要求、岗位（群）所需的能力和知识结构以及专业课程体系、课程标准、师资队伍建设及实训基地建设等方面的建议和意见。

参与订单班人才培养方案、课程体系、课程标准的制订。

指导、协助校内外实训基地建设，逐步实现专业建设与"产""学""研"相结

合，并积极开展本专业科技信息讲座。

推荐行业、企业专家担任本专业兼职教师，并为本专业专任教师的企业锻炼提供支持，促进"双师素质"师资队伍建设。

探讨解决订单班人才培养中有关问题的方法和措施。

指导毕业论文（设计），协助开展就业指导和毕业生职业生涯规划指导等。

通过校企共育组织建设，确保了订单人才校企共育工作的有力推动。

（二）共同研制人才培养方案

校企双方根据三爱海陵公司的生产任务安排及自动生产线扩建安排，选择在机电一体化技术专业二年级组建"共育订单班"，并针对企业职业岗位对技术技能型人才的需求认真研制人才培养方案。在人才培养方案研制中，人才共育委员会成员对企业的职业岗位进行充分调研，确定典型工作任务，重构基于工作过程导向的共育性课程体系，并开发"自动生产线安装调试"课程，将三爱海陵公司的自动生产线技术资料融入课程内容并编入教材之中，由企业专家负责校内授课与实训、企业实践指导，以满足企业自动生产线规模扩大及生产操作所需的技术人才培养的需要。"共育订单班"的人才培养方案经"三爱海陵班人才共育委员会"充分论证审核后上报学院审批并付诸实施。

（三）共同开发课程与教材

按照"三爱海陵班人才共育委员会"确定的人才培养目标所需课程体系要求，将"自动生产线安装与调试"作为该企业订单班人才培养的重要核心课程。在课程开发建设中，由学校的专业教师与企业工程师共同主持课程开发与资源建设工作，编写工作过程导向的课程教材，并将三爱海陵公司的自动生产线技术资料作为教学内容融入该教材的编写之中，以适应三爱海陵公司自动生产线安装调试及操作、维护人员培养的能力对接需要。这种课程及其教材建设方式符合学校和企业的双边需求，既能培养学生掌握普适性自动生产线的安装、调试、维护、检修技术技能和设备操作技能，也能针对性地培养学生掌握用人企业自动生产线的安装、调试、维护、检修技术技能和设备操作技能，充分体现了校企共育中的能力对接要求。

（四）共同建设师资队伍

开展校企共育人才培养所需的师资队伍是一支既具有理论水平又具有实践能力的双师素质教师队伍。基于学校教师的实践能力薄弱和企业教师的教学技术欠缺的实际，校企双方采取了行之有效的双师素质教师队伍建设措施，即学校教师与企业教师结对培养、共同成长。在双师素质教师队伍的建设中，学校教师跟随参加企业顶岗实习的学生一同赴企业锻炼，既参与对学生的教育管理又参与相关岗位的实践学习，在与企业结对教师共同指导学生的顶岗实习中获得自身技术与技能的增长；企业教师不定期来到学校与学生一同听课，学习学校结对教师的教学技术。不仅如此，学校还通过开设讲座、开展教学研讨会等活动来对企业教师进行教学培训，以帮助企业教师提高教学技能技巧。其实，在企业教师与学校教师的结对培养中，相互取长补短、互相学习提高，共同收获、共同成长，是一种双赢教师培养模式。教师队伍素质提高了，校企共育人才培养的目标才能最终实现，才能真正为订单合作企业培养其职业岗位所需要的技术技能型人才，才能为企业的生产发展和市场竞争提供高素质的技术技能型人才支撑。

（五）共同建设实践教学基地

实践教学基地是高职院校开展实践教学的场所，分为校内实践教学基地与校外实践教学基地两大部分。校内实践教学基地涵盖的实践教学项目包括技术课程教学实训与专项技能实训等。校外实践教学基地涵盖的实践教学项目包括校外生产实习与顶岗实习等。由于高职院校实践教学基地的功能定位是既有教学功能又有生产功能，即能够满足产与学两方面的功能需求，因此，学校与合作企业在建设能够满足校企共育要求的校内外实践教学基地时，以完善基地功能为目标。比如，三爱海陵公司在我校的机电实训中心投建数控加工设备和模拟自动生产线，与学校共同建设用于"共育订单班"学生培养的实训场；同时，企业划定了专门的生产设备和生产线作为实践教学设备，并在学校的协助下设立教学室、教师工作室，配备实习指导教师，以满足"共育订单班"学生生产实习与顶岗实习期间的教学需要。这样一来就极大地改善了我校内外实践教学基地的教学条件，完善了校内外实践教学基地的功能，让校内外实践教学基地符合"共育性"的要求。

（六）共同实施培养过程

1.共同承担教学任务

校企共育要求校企双方的人才培养资源都要用于共育订单班的人才培养，其中企业的技术专家参与相应课程的教学工作便是校企共育的实质体现。在三爱海陵班的人才培养过程中，由于"自动生产线安装与调试"课程是三爱海陵公司订单人才培养的重要核心课程，所以由三爱海陵公司指定高级工程技术人员承担该课程的教学工作任务。在教学实施中，企业教师充分利用学院的自动生产线实训条件并结合三爱海陵公司自动生产线对学生进行系统教学与实训。不仅如此，在学生顶岗实习期间，企业教师还结合企业自动生产线实际具体指导学生参与该企业扩建自动生产线的安装与调试及已有生产线的操作、维护与检修。企业专家不仅具有较高理论水平，而且实践经验丰富，他们亲自参与共育订单班的核心课程的教学与实训工作，体现的是实质性的校企共育。三爱海陵班学生对接受这样的课程及其教学积极配合、响应度高，教学效果得到学生的认可。

2.共同确定企业顶岗实习方案

顶岗实习不仅是"共育订单班"学生必需的实践环节，而且还需要结合订单企业的生产实际做出利于订单人才共育培养的合理安排。"人才共育委员会"通过综合分析确定了"工学交替"式顶岗实习方案，即学生分两次到公司开展共育性顶岗实习，接受以企业岗位为课堂的实践教学。第一次企业顶岗实习安排在春季和暑期进行，主要任务是熟悉发动机进/排气门的专业化生产过程与工艺流程、自动生产线设备的构造及控制方式、自动生产线设备的操作技能。通过第一次到企业顶岗实习，为学生进行专业课程尤其是"自动生产线安装与调试"课程的学习奠定了坚实基础。第二次企业顶岗实习安排在毕业前三个月，主要任务是学习自动生产线设备的维护、检修及调试技能。第二次企业顶岗实习是学生完成校内学习与实训以及第一次顶岗实习之后的一次重要的顶岗实习，其间学生临近毕业，不仅需要在企业结合顶岗实习岗位完成毕业设计与毕业论文，而且还需要按照企业的用人要求重点参与分配岗位的实践锻炼，为学生毕业后到企业相应岗位就业提供前期技术与技能储备。

3.双重指导企业顶岗实习

在机电一体化技术专业三爱海陵班的两次企业顶岗实习期间，以校企共育为手段，企业安排5名现场指导教师与学校安排的6名指导教师共同组成顶岗实习指导师资队伍。这支实习指导师资队伍通过分工与合作共同完成学生顶岗实习期间的技术技能指导和教育管理任务，让学生在顶岗实习期间既能学习企业生产现场的实践技能尤其是操作技能、动手技能，还要接受企业的服务意识、管理理念、企业文化的熏陶和教育。在两次企业顶岗实习期间，企业指导教师的主要任务是以师傅带徒弟的方式指导学生熟悉生产设备和学习顶岗实习岗位的生产技术与技能，同时还需要对学生进行岗位职责和责任心教育等；而学校指导教师的主要任务是管理现场实训学生的纪律，解决学生实习中的相关问题并进行思想教育，同时配合企业指导教师开展技术技能教学等。学生则以在校生和准员工的双重身份参与企业顶岗实习并接受管理.其中，在校生身份是指将他们视为学习知识与技能的在校学生进行培养，按照在校生的学习要求与纪律要求加以管理和考核；准员工身份是指将他们视为企业的未来员工进行培养，按照企业对员工的技术技能要求和管理规定进行管理和考核，逐渐让他们认识企业并熟悉企业的生产经营状况和发展前景，接受企业文化熏陶以便及早融入企业团队。

（七）共同评价学生职业能力

校企双方共同开展共育订单班学生的职业能力评价是校企共育工作不可或缺的环节。学生职业能力评价包括对学生职业基本能力、职业核心能力、职业拓展能力评价以及职业能力综合评价，其中职业能力综合评价是以职业基本能力、职业核心能力和职业拓展能力评价为基础的，而职业基本能力、职业核心能力和职业拓展能力的评价又依赖于其中各评价要素的评价。由于各评价要素的评价存在于校企共育人才培养过程的各环节之中，因此，学校教师与企业教师均参与各评价要素中相关观测点的评价，可以为学生的职业基本能力、职业核心能力、职业拓展能力评价以及职业能力综合评价提供基础数据来源。

这种共同评价中，不论是技术类课程还是专项实训、顶岗实习的学习评价，都体现了学校与合作企业共同参与的因素，企业专家参与教学的课程由企业教师与学校教师共同评价，并以企业教师的评价为主；学生赴企业顶岗实习期间的学习情况由企业指导教师与学校的指导教师共同评价，并注重学生顶岗实习过程中的企业指导教师的评价；在学生参与职业资格鉴定考试中，吸纳企业专家参与考核鉴定等。通过校企双方共同参与的以各评价要素的评价为基础的职业能力评价，促进了学生学习技术技能的积极性，也检验了共育订单班人才培养的效果，同时还可以发现校企共育中存在的问题，以便不断完善校企共育各环节的工作，促进共育订单班学生的职业能力增长与发展，提高针对性人才培养的质量，满足订单合作企业职业岗位对人才能力的需求。

第二节 "校企共育能力递"增人才培养模式的实践成效

电一体化技术专业构建的"校企共育能力递增"人才培养模式，在重庆三爱海陵有限公司的支持下成功开展了实践。在该模式的实践过程中，通过开展订单式校企合作组建机电一体化技术专业"三爱海陵班"，搭建了校企共育人才培养平台。"三爱海陵班"的人才培养以"校企共育"为手段展开，促进了学生的职业能力由职业基本能力到职业核心能力再到职业拓展能力的递进式增长，满足了三爱海陵公司生产岗位职业能力的需求对接，收到了满意的效果，提高了针对性人才培养的质量。通过实施"校企共育能力递增"人才培养模式，较为显著的人才培养效果体现在以下几个方面：

一、提升了毕业生的综合职业能力

（一）共育订单班学生的职业资格获证率高

机电一体化技术专业共2个班，学生总计104人，其中，三爱海陵共育订单班45人普通班59人。在学生接受培养期间，根据专业技术课程的学习进度，适时组织学生参与国家职业资格鉴定考试以获得相应职业资格证书，且对获证数量不设限制，考取职业资格证书必须按照国家规定的由低级到高级逐步考取。

共育订单班学生获得三级（高级）职业资格证书的比例高于普通班。共育订单班学生获得三级职业资格证书者27人，占比60.0%；普通班学生获得三级职业资格证书者23人，占比39.0%。共育订单班学生的三级职业资格证书获证率高于普通班21.0%о

共育订单班学生获得四级（中级）职业资格证书的比例高于普通班。共育订单班学生获得四级职业资格证书者45人，占比100%；普通班学生获得四级职业资格证书者58人，占比98.3%。共育订单班学生的四级职业资格证书获证率高于普通班1.7%。

共育订单班学生获得三个及以上职业资格证书的比例高于普通班。共育订单班学生获得三个及以上职业资格证书者27人，占比60%；普通班学生获得三个及以上职业资格证书者22人，占比37.3%。共育订单班学生获得三个职业资格证书的比例高于普通班22.7%。

共育订单班学生获得两个职业资格证书的比例高于普通班。共育订单班学生获得两个职业资格证书者16人，占比35.6%；普通班学生获得两个职业资格证书者20人，占比33.9%。共育订单班学生获得两个职业资格证书的比例高于普通班1.7%。

共育订单班学生获得一个职业资格证书的比例低于普通班。共育订单班学生获得一个职业资格证书者2人，占比4.4%；普通班学生获得一个职业资格证书者16人，占比27.1%。共育订单班学生获得一个职业资格证书的比例低于普通班22.7%。

通过数据对比发现，表征学生职业能力发展与增长目标之一的职业资格获证率，"共育订单班"明显高于普通班，这是"校企共育能力递增"人才培养模式成效的有力佐证。

（二）共育订单班毕业生的职业能力综合评价绩分的高分值比例高

由于共育订单班与普通班的人才培养模式不同，因此所采用的职业能力评价的体系也不同。为了对比这两类班级在不同的人才培养模式下所培养技术技能型人才的职业能力增长与发展状况，我们仍采用机电一体化技术专业学生的共育性职业能力评价指标体系来进行计算对比。不过，将共育订单班与普通班学生的职业核心能力与职业拓展能力的评价要素中不同的部分予以剔除，即选择相同的评价要素进行计算比较，各评价要素的权重也进行相应调整。

通过共育订单班与普通班毕业生的职业能力综合评价绩分对照可以发现，共育订单班学生的职业能力综合评价绩分的高分值比例明显高于普通班。在对共育订单班毕业生的职业能力综合评价绩分中，3分以上占97.7%，而在对普通班毕业生的职业能力综合评价绩分中，3分以上只占71.2%。这组比较数据有力说明了"共育订单班"毕业生的职业能力发展与增长效果优于普通班。

二、提升了毕业生就业率尤其是专业对口就业率

机电一体化技术专业毕业班级共2个，毕业生总计104人，其中，三爱海陵共育订单班毕业生45人，普通班毕业生59人。（其中三爱海陵公司30人）对口37人专业对口就业是指就业单位或就业岗位与所学专业一致或相关联，能运用所学专业知识

与技能解决工作中的实际问题。

共育订单班毕业生签约就业率高于普通班。签约就业是指毕业生就业并签订就业合同实现的就业。共育订单班毕业生45人，签约就业45人，签约就业率100%；普通班毕业生59人，签约就业58人，签约就业率98.3%。共育订单班毕业生签约就业率高于普通班1.7%。

共育订单班毕业生专业对口就业率高于普通班。专业对口就业指就业单位或就业岗位与所学专业一致或相关联，能运用所学专业知识与技能解决工作中的实际问题。共育订单班毕业生45人签约就业45人，其中专业对口就业43人（含三爱海陵公司就业30人），专业对口就业率95.6%；普通班毕业生59人签约就业58人，其中专业对口就业37人，专业对口就业率62.7%。共育订单班毕业生对口就业率高于普通班32.9%。

提高毕业生就业率和专业对口就业率是"校企共育能力递增"模式人才培养的追求目标之一，通过毕业生的就业数据对比可知，共育订单班毕业生的就业状况优于普通班。

三、提升了毕业生的就业质量

在学生毕业之际，我们面向"共育订单班"毕业生开展了"校企共育效果和就业满意度调查"。调查发现，95.6%的毕业生所从事的工作与所学专业"对口"，82.2%的毕业生对自己的岗位工作"满意"，84.4%的毕业生认为自己具备的职业能力与岗位所需能力"符合度高"，60%的毕业生对自己的职业期待"满意"，88.9%的毕业生对自己的就业满意度评价为"满意"，84.4%的毕业生认为现在的就业单位氛围"好，能够适应"，77.8%的学生认为所在基层单位的工作氛围"满意，很和谐"，在工作岗位上，82.2%的毕业生感觉工作量"合适"，57.8%的毕业生认为工作中学习新技术、新技能的机会"很多"，68.9%的毕业生近1—2年"没有"辞职的计划，这些结论充分说明了校企共育给学生带来的不仅是高就业率，更重要的是带给毕业生就业岗位的高满意度，这是毕业生所期待的，同时也是学校人才培养所期待的，应该说这是在订单式校企合作框架基础上的校企共育取得的突出成效，当然这也充分体现出校企共育的实施能够极大地提高毕业生的就业质量。

四、提升了毕业生对人才培养过程的满意度

（一）毕业生对校企共育总体满意度较高

从针对接受校企共育的毕业生的调查来看，77.7%的学生认为"订单式校企共育好"；80.0%的学生"看重三爱海陵公司的发展前景，毕业后愿意在企业工作"；82.2%的学生对在"三爱海陵班"接受校企共育感到满意；在"三爱海陵班"接受校

企共育的最大收获中，93.3%的学生认为"保证了所学专业对口就业，做到了学以致用"，91.1%的学生认为"接受企业教师与学校教师共同培养，增强了职业能力"，60%的学生认为"能够更好地开展产学结合、工学交替，提高专业技能"。

（二）毕业生充分认同校企共育过程

调查发现，44.4%的学生认可"理论教学在学校进行，实践教学在企业进行"这种教学方式，31.1%的学生认可"理论教学和实践教学都在企业进行"，22.2%的学生认可"一部分理论教学和实践教学在学校进行，另一部分理论教学和实践教学在企业进行"，仅有2.2%的学生选择"理论教学和实践教学都在学校"，由此说明当代高职学生更加看重对自身实践能力的培养，且这种能力的培养特别需要发挥用人企业的实践教学优势。在教学实施中，企业教师的教学与学校教师的教学的主要差别体现在"企业教师比学校教师实践经验丰富，理论结合实际紧密"和"企业教师比学校教师更注重实践教学和技能培养"方面，且前者的选择比例占42.2%.后者的选择比例占44.4%，这充分说明了学生愿意接受企业专家的技能性培养。在学生对参加订单企业顶岗实习的看法中，64.4%的学生认为"在订单企业参加顶岗实习好，能学以致用"，也就是说大多数学生认可这种针对性人才培养尤其是实践技能的培养方式，能够实现学生职业能力与用人企业岗位所需能力的对接。

上述数据对比充分说明了"共育订单班"毕业生对"校企共育能力递增"模式的人才培养是满意的，也是符合学生实际需要的。

五、提升了合作企业的满意度

自校企双方本着"互惠共赢、共同发展"理念开展订单式校企合作以来，我院组建机电一体化技术专业"三爱海陵班"，按照校企共育模式实施培养后，公司与学生通过双向选择确定了30名毕业生进入公司就业，为公司定向培养了发动机气门产品生产加工尤其是自动加工生产线操作、维护、管理、检修等岗位的技术技能型人才。他们于毕业之后直接进入公司生产车间的相应工作岗位。

总之，开展"订单式校企合作"组建"共育订单班"，按照"校企共育能力递增"人才培养模式实施合作共育后，提升了毕业生的综合职业能力，提升了毕业生就业率尤其是对口就业率，提升了毕业生的就业质量，提升了毕业生对人才培养过程的满意度，提升了合作企业的满意度，换言之，"校企共育能力递增"人才培养模式促进了对接性技术技能型人才培养质量的显著提升。

第七章 高端人才培养之师资基础培养

百年大计，教育为本。教育大计，教师为本。社会呼唤教育，教育呼唤名师，名师的重要性正在被越来越多的人认识。人们越来越认识到世界各国教育水平的差距就是教师队伍水平的差异，学校之间的竞争就是教师队伍的竞争。凯特门勒和默勒阐述，"在每一所学校里，都有一群可以成为教师领导者的沉睡巨人，而这群人可以发展成为提升学生学习而推动改革的催化因子。如果能善用这些学校变革代理人的巨大能量，我们的教育将能确保每一位学生都能在每一位高质量教师的教导下，充分达成教育的理想。"名师作为高尚师德的垂范者、教育理论的建设者、教育事业的探索者、教育实践的改革者和教师发展的引领者，是一种特殊的人力资源。

目前，我国的职业教育约占高等院校招生和在校人数的半壁江山，作为一种与经济社会发展联系最直接、最密切的教育类别，当前职业教育服务产业发展能力不足，不能适应经济增长方式转变和产业结构调整，现有高职人才培养结构和体系与社会、企业、行业对人才需求结构不相适应，产业与教育、职业与教育脱节这一突出问题，成为制约职业教育发展的瓶颈。

中共中央、国务院印发《国家中长期教育改革和发展规划纲要（2010-2020年）》。此刚要强调大力发展职业教育，到2020年，形成适应发展方式转变和经济结构调整要求、体现终身教育理念、中等和高等职业教育协调发展的现代职业教育体系，满足人民群众接受职业教育的需求，满足经济社会对高素质劳动者和技能型人才的需要。并以提高质量作为重点。"十二五"以来，特别是十八届三中全会以及李克强总理2014年2月26日召开国务院专门会议研究部署加快发展我国职业教育，直至最近刚出台的《国务院关于加快发展现代职业教育的决定》《现代职业教育体系建设规划（2014–2020）》，中国的职业教育即将迎来前所未有的大变革大发展时机。

如何深刻地认识当前职业教育面临的大变革以及职业院校面临的形势与任务，以在更高境界、更深层次、更广领域上创新思路，引领职业教育改革实践和教师发展，必须打造一支具有良好师德风范、对国内外职业教育理论及实践发展的动态及理论前沿具有深刻的洞察与把握、能够准确领会和把握职业教育改革与发展的总体目标、原则要求和关键环节、具有创新精神和创新能力、业务能力过硬的职教名师队伍，因此，深刻理解职教名师的内涵与素质结构特征，总结职教名师成长的阶段及特点，在对职教名师成长关键影响因素深入剖析的基础上，探索职教名师成长途径，引领职业教育教师专业化成长，打造一批素质过硬、业务精湛的职教名师队伍对于引领职业教育改革实践和教师发展具有重要的理论价值与实际应用价值，而职教名师的成长问题研究也因此成为一个重要的课题。

那么，如何认识职教名师成长的重要意义？我们借用卡芬静态取向、历程取向和社会取向理论来说明职教名师成长的意义。从静态取向（static approach）而言，职教名师是可以通过某些标准化与客观化的条件或标准来界定。因此，职教名师必须利用科学方法来构建该领域的知识、理论和信息；具有清晰及实用的目的；具有可以互相传授的知识、技术与能力；服务社会或利他取向。从历程取向（process approach）而言，所有的职业都是在一个持续不断专业化的过程中不断进化与发展，所以在整个职业的发展过程中并非永远是静态的结构或单方向的演进，某些职业甚至可能曾往某个阶段会朝向其他专业特质或其他方向去发展。因此，职教名师必须不断地改进和继续进修，并寻求专业的发展与成长。从社经取向（socioeconomic approach）而言，专业化是一个过程，通过此过程，某些职业依据当地的环境背景与条件去建构其专业知识、技能和领域，并控制他们所提供服务的市场。同时，专业必须具有制度化的权威与特性，以寻求社会的认可、信赖和支持。教师成为名师需要在实践中历练，在历练中学习，在学习中反思，在反思中提升。总之，名师不是天生的，名师是在专业发展的过程中，经历自我学习、反思和提升的成长过程，而这个成长过程中需要社会、学校提供环境和制度的支持。

本书拟通过吸收国内外有关名师成长的最新研究成果，深度挖掘职教名师的内涵及素质结构特征，总结职教名师成长的阶段及特点，在对职教名师成长关键影响因素深入剖析的基础上，从环境氛围、合作交流、制度保障、硬件支持以及个人层面等多维度探索职教名师成长途径。具体包括以下五方面的研究内容：国内外名师成长的理论研究与实践进展综述；职教名师的内涵与素质结构特征；职教名师成长的阶段及特点；职教名师成长关键影响因素；职教名师成长途径。

第一节　职教名师的内涵与素质结构特征

从学者们对职教名师的概念界定，我们可以引申出职教名师的内涵。现有的文献中，学者们对职教名师的概念进行了界定，即：首先是教师；从事职业教育；具有一定的知名度；具有一定的美誉度；具有一定的认可度；具有一定的影响度；具有较高的教师专业素养；具有一定的创造性；具有突出的成就。我们认为，职教名师是能够在教育岗位上充分发挥示范作用，努力探索教育教学规律，开展教学思想、教学内容、教学方法和教学手段的改革和创新的教师，应该有一定的内涵和素质结构特征。

一、职教名师的内涵

职教名师是在职教领域知名度高的教师，即一个教师因其具有德、识、才、学的总体或其中某些方面的优势，而在其所在的地区或系统中，为同行所熟知，为学生所欢迎，为社会所肯定和褒奖，具有极高的名气和威望。职教名师是职业教育教师群体中的精英，是一种高级的人才资源，是一个具有魅力的品牌。

参考教育部办公厅高职高专教学名师评选的指标体系的有关规定，有助于对我们进一步深刻地理解职教名师的内涵。从评选项目和分值上，能够看出，一位职教名师必须教学能力突出、社会和行业服务能力及经验突出、具有师德和影响力。

基于职教名师的定义和职教名师的评选标准，我们可以从四个方面理解职教名师的内涵：学者、德者、教者和名者。学者是指在学问上有一定成就的人，尤其是指在某个或几个学术领域有一定研究造诣的人；教者是指传道、授业、解惑的教学工作者；德者是指具有崇高人生价值观、职业操守和学术品质的人；名者是指出名的或有名声的人。整合这四个方面，职教名师在这四个基本要素中，学者是一个必要条件，德者是一个人格条件，师者是一个职业条件，名者是一个关键要素，即职教名师不仅应当是出名的或有名声的学者，而且必须是出名的或有名声的品行高尚者，还必须是出名的或有名声的传道、授业、解惑者，不仅一般的集学者和教学工作者于一身的高校教师够不上职教名师，就是在学者和教学工作者二重角色中只有一方面有名的，也够不上职教名师。职教名师的"名"，还有一系列本质特点，即它是这些从事职教教育的教师长期在教育教学和科学研究工作中潜心投入、不懈探索和努力追求而获得的，在本质上，它是学生、同事、同行以至于社会给予他们的由衷认同和褒奖，它的拥有者能够深深地赢得人们的尊敬和爱戴，他们才真正是我国职业教育的宝贵财富。

二、职教名师的素质结构

史华瑾统计305位职教名师的地域分布情况、专业分布情况，以及年龄与教龄、职称、性别比例等信息，从教师的教育信念、知识、能力、专业态度和动机以及自我专业发展需要和意识五个维度来分析职教名师素质结构特征，结果显示职教名师普遍具有坚定执着的教育信念，广博的专业知识，非常强的专业能力，积极的专业态度和动机，强烈的发展需要和意识。

职教名师以其较高的学术造诣和实践应用能力、精湛的教学技艺和方法、高尚的道德品质和精神境界为特征，我们参考和震知识、能力和人格基本素质结构的分类方法，总结和发展了职教名师的素质结构框架。

（一）知识结构

具有掌握坚实的专业理论和知识，掌握胜任中等职业教育教学和学生管理的知识，还要特别掌握与技能型人才的职业实践和工作过程有直接联系的职业工作知识。

（二）能力结构

首先，职教名师应该具有教育教学能力，系统地掌握本专业知识体系，精通若干核心课程。熟悉社会学科、自然学科、人文学科等知识，具有大教学观意识。掌握教育学、心理学基本知识，熟练掌握学科教学法相关知识并能熟练地予以应用。其次，职教名师具有专业实践技能，职业教育坚持培养面向生产、建设、管理、服务第一线需要的、实践能力强、具有良好职业道德的高技能人才，要求教师具备扎实的专业实践技能，具有一定的工艺能力、设计能力和技术开发与技术服务能力，并且能将行业职业知识、能力和态度融合于教育教学过程中。最后，职教名师的组织管理协调能力也很重要，具有优秀的教育科学素养，有较强的组织能力，包括组织教学内容、控制教学过程、组织课外活动等能力。职教名师既要进行校内的交往与协调，又要与企业、行业人员交流沟通，还要组织学生开展社会调查、社会实践，指导学生参与实习和各种社会活动。教师要懂得企业、行业管理规律，具备指导学生参与企业、行业管理的能力，善于接受新信息，分析新情况，解决新问题，不断更新自身知识体系和能力结构，以适应外界环境变化和主体发展的需求。

（三）人格结构

教师的专业道德与专业精神，就是指教师对教育工作的敬业精神、热忱程度及负责态度。职教名师是具有高尚师德的老师，对教育事业充满热情，能够对受教育者进行科学的人生观、世界观的教育与引导。并根据时代的发展，及时更新教育观念，尊重受教育者的人格、兴趣爱好、自由发展与首创精神、发现受教育者的天赋与特长、挖掘受教育者的创造才能，引导受教育者沿着正确的道路发展自我价值和能力。

第二节 职教名师成长的阶段及特点

一、职教名师成长的阶段

职教名师首先是教师，他们的成长也是符合教师职业生命周期阶段理论。教师职业生命周期阶段理论是以人的生命自然的衰老过程与周期来看待教师的职业发展过程与周期，其阶段的划分以生命变化周期为标准。主要的代表学者有伯顿、费斯勒、休伯曼等人，所划分的发展阶段可表示为如下几种：教师发展阶段求生存阶段，调整阶段，成熟阶段；教师职业周期动态模式：职前教育阶段，入职阶段，能力形成阶段，热心和成长阶段，职业受挫阶段，稳定和停滞阶段，职业低落阶段，职业退出阶段；教师生涯发展模式：预备阶段，专家阶段，退缩阶段，更新阶段，退出阶段；教师职业周期主题模式：入职期（求生和发现期），稳定期，实验和歧变期，重新估价期，平静和关系疏远期，保守和抱怨期，退休期。

职教名师成长符合教师职业生命周期阶段理论和一般教师专业发展的阶段性规律，也具有其阶段性。任何名师都是从普通教师一步步成长起来的。但由于名师与普通教师有着本质区别，因而在职教名师成长的各阶段又表现出发展的不均衡性和独特的个性色彩。以教师专业化发展为向度，参照教师职业生命周期理论的研究，综合名师成长历程中的各方面因素和总体专业水平的发展情况，一些学者将名师的成长划分为这样五个阶段：入职适应期，成熟胜任期，高原平台期，成功创造期，退职回归期。而张妍，孔繁昌，吴建芳，王洲，林陈寒认为，名师的成长是长期的过程，要经历成长–成才–成功一成名的发展阶段。职教名师的成长阶段应该以教师专业化的发展为基础划分，其核心内容就是名师专业能力从量变到质变的过程。不同的研究者从不同角度出发，有不同的分法，有学者将教师的成长阶段大致分为：学徒期（1—3年）、成长期（4—10年）、成熟期（11—15年）、成名期（16年以上）。

美国学者舒尔曼把教师分为职初教师、经验教师和专家教师。在以上学者们的研究基础上，本书把职教名师的成长主要分为三个阶段：学习和积累阶段（职初教师）；实践和提高阶段（经验教师）；成熟和突破阶段（专家教师）。

（一）学习和积累阶段

一个教师的专业知识、理论素养从学习中来，具备了学习的本领，就意味着掌握了自我发展的诀窍，把握住了成长的主脉。

（二）实践和提高阶段

教学实践是实践知识和教育智慧的源泉，而实践性知识是教师发展的主要知识基础，教师的成长主要内容是提升教师的实践智慧。近年来，各国在实施教师教育改革过程中，逐步认识到教师职前培养的功效有限，教师专业水平的提升更多的是在职阶段获得的，而在职阶段的专业成长，其核心就是产生于处理复杂性和不确定性情境过程的实践性知识，尤其是教师自身的教学实践过程。正如美国学者特拉弗斯所说："教师角色的最终塑造必须在实践环境中进行。"

（三）成熟和突破阶段

在长期的教学生涯中，教师的职业的经验和能力得到充分的发展，当教师成为骨干教师，甚至是把关教师，教师也从此走入了自我反思和成熟阶段，反思自己的教学历程，发展特使的教学风格，同时，积极尝试教学创新，不断追寻符合个人自己特色的教学风格，实现经验型向名师型教师的转变。

二、职教名师成长特点

名师成长的实质是其职业个性不断成熟、自主发展的过程，从众多名师成长的人生轨迹可以梳理出一些共性的规律与特征。蔡宗河（2005）对教师专业发展特征做了系统的研究，借鉴此研究成果，我们归纳职教名师成长的特征。具有如下五项特征：持续性、系统性、合作性、意愿性及教师主体性是职教名师成长的主要特征。

（一）持续性

职教名师成长是持续性的历程，这种过程可以使教师产生有效的改变，有助于教师的教学及学生的学习。专业发展和名师的成长不是一日式的短期训练，也不是技能的训练，更不是在职进修，而是可以持续提升教师学术知识、专业表现的活动。

（二）系统性

职教名师成长是一套完善规划的系统性历程。这种规划除了有赖政府机关的培育安排，也强调教师自我的觉醒及成长，通过自己的需求，进行系统性的设计，以提升自己的专业能力。

（三）合作性

合作性是职教名师成长的赋能过程。通过彼此的分享，增进专业知识。要提升职教名师的合作性专业发展，可以经由建构学习型社群的方式来达成，比如，建立团队，定期分享经验。

（四）意愿性

职教名师成长不是强迫的过程，而是自愿性的活动。教师虽然可能在外力的压迫下进行专业发展，可是这种方式比较容易引发教师的质疑甚至是抗拒，因此效果有限。然而完全缺乏外在的压力，可能无法诱发教师成长的意愿，因此适当的压力，反而可以促使教师成长。所以这里所强调的意愿性，不是完全的等待教师自觉，而是一种可以适时加入适当压力，以促进教师的反省自觉。

（五）教师主体性

处在竞争激烈的现代社会中，每一个学生都有不同的需求，因此职教名师势必和以往有所不同，不再是单从教育主管机关来考虑，而应从个别教师的需求着手，以建构出一个适合不同学校、学科及教师的方案。

第三节　职教名师成长关键影响因素

王浩论述，影响职教名师成长的因素主要来自三个方面：宏观的制度层面、中观的组织层面和微观的个体层面。名师专业成长是一个开放的系统，受到多种复杂因素的影响和制约。名师成长的过程涉及很多因素（变量），这些因素（变量）又构成错综复杂的相互联系。这些因素、机制发生与否，还取决于具体的人、具体的时间、具体活动环境等随机出现的条件。概括起来，本书认为，影响职教名师成长的因素，既有外在的客观因素，来自环境和社会层面；也有来自机制层面的因素，即教育体系和学校机制层面；还有内在的主观因素，即来自教师的个人层面。主要表现为以下几方面。

一、环境层面

社会文化环境是教师成长的母乳。名师的成长，总是基于特定的历史文化和教研文化传统。以北京市职教名师为例。北京市作为中国的首都，文化和政治中心，教育的历史源远流长，有一套不同于其他地方的具有独创性的教育传统和文化积淀。经济发展环境是职教名师成长的土壤。经济发展的不同时期对职业教育的专业方向类别需求都不相同，对职教名师和内涵和素质结构也要有所变化。不同时期，不同的社会环境和经济发展，对职教名师的成长有着不同的影响。另外，教师的社会地位也是影响教师成为名师的一个重要因素。教师除了自己对教师这个职业的认同外，还需要社会对这个职业认同。社会对教师职业的价值认同，体现在教师的经济权益、政治权力和职业声望等多个方面。这实际上是教师社会地位的综合体现—社会对教师职业的认同直接影响着教师队伍与其他社会职业人员的构成结构，进而影响教师的整体素质以及名师成长的积极性。

二、机制层面

在制度层面上，影响职教名师成长的制约因素主要有选拔机制、培训制度、绩效考核和评价机制等方面。有效的组织支持对职教名师成长起着至关重要的作用，组织可以营造教学名师成长的良好支持环境，可以优化教学名师成长的组织环境。

三、硬件层面

宏观的社会文化和中观的机制是影响职教名师成长的软环境，而职教名师成长离不开学校提供支持的硬环境。以信息技术为例，学校是否能够提供先进的信息技术设备和实验室，将对职教名师成长有重要的影响。钟士军、白玲、崔利军强调了信息技术在名师成长过程中的特殊作用与应用途径。信息技术在教育领域的应用使学生获取知识的途径更加宽广，而名师在教学过程中不是以教学多媒体及教育技术能力的高低来判断教学水平的高低，而是与教材、课程的整合度等标准来判断，因此，名师更加注重教育技术应用的恰到好处。另外，教师信息资源获取渠道拓宽，教师队伍整体素质水平得到提高，教师沟通渠道更加便捷，促进教师之间的探讨交流，加强了教师与家长、社会之间的联系，形成立体管理网络。

四、个体层面

职教名师成长也依赖于个体自身的努力，在成长的过程中，对其成长产生的作用有个体自身因素和非自身因素，其中个体因素是教学名师成长的内因，非自身因素只能提供给教师成长的良好外部环境，外部环境对教师成长产生多大影响，主要还是要看教师自身个体因素。影响职教名师成长的自身因素主要包括职业潜质、职业理想、职业信念、专业素养、知识结构、能力素质和自主成长能力等。职业潜质是教学名师成长的前提条件，职业理想、职业信念是教学名师成长的动力要素，专业素养、知识结构、能力素质是教师成长的基本要素，自主成长能力是教师成长的最高要求。自主成长能力包含内在成长、独立成长、主动成长、创造成长等。具备了这些因素，教师才能有效地成长为教学名师。

第四节　职教名师成长途径

基于职教名师成长关键影响因素的研究，我们从环境、机制、硬件和个人层面发展了职教名师的成长途径和框架。良好的、开放的、合作的学习型学校和社会文化是职教名师成长的环境基础；健全的体制和组织是名师成长的保障；先进的教学、学习、交流的设施和信息技术是职教名师成长的支持；而个人的意愿和努力是名师成长的决定因素和动因。

一、环境层面——学习型学校和文化

教师从任教前的准备、培养到任职后的不断研习和继续教育，外部环境对教师成长和名师的培育至关重要。一个学习型学校的构建是职教名师成长的大环境。良

好的教师成长环境包括：学习型的学校；开放的学校氛围；合作的教师文化。营造一个健康和谐的有利于教师成长的良好氛围，是实现教师成长和持续发展的外部保障。从名师成长阶段看，学习和积累是一个基础性的阶段，而之后的实践和提高、成熟与突破阶段也都离不开教师的学习。学习型的社会、学校和组织文化的构建是名师成长离不开大的背景环境。

索斯沃斯论述，学习型学校应具备下列各项相互关联的特征：重视学生的学习活动；个别教师应是不断地学习者；鼓励教师和其他同事共同合作或相互学习；学校为一学习系统的组织；学校领导者应为学习的领导者。学习型学校的成员不断地学习，并且运用系统思考从事各种不同的行动研究和问题解决，进而增强其个人知识和经验，并且改变整个学校的组织行为，以强化学校组织变革和创新的能力。同时，施恩认为组织文化是团体成员经由学习共享的一种基本假定，使团体成员可以运用来解决适应外在环境与内部整合问题。因此，团体成员也会将其传授给团体的新进成员，使新成员遭遇相似困难时，可采取同样认知与思考方式。所以学校应该致力于学习文化的建立，在建立学校学习文化上应该采取下列措施：首先，建立学习是提升教师专业的共识。名师的成长是以知识为核心，通过学习增加自己在专业职能、技术的发展与态度的培养，只有进行学习才能有知识的获得、应用、分享和创新，是名师成长所必须要有的共识。其次，鼓励创新学习以维持学习动力。知识的学习如果只是一味地按照惯例来解决问题，而无原理原则的发现，重新检视认知，将会减损学习的动机，只有鼓励进行创新学习发现观点和新知，才能维持更进一步的学习。最后，表彰学习或教学成就，以鼓励士气。学习或教学结果的呈现需要有内在与外在的奖励与表彰，激发成就感，产生尊荣感，而愿意进一步去学习，而且可以产生社会模仿效果，促成学校学习文化的塑造。

二、机制层面——制度和组织保障

职教名师的成长依赖于一个有效的机制。首先，教育部门在制定政策时要关注职教名师的成长，要制定和完善一套教学名师选拔、培养、评价机制，为他们的成长为教学名师创造有利条件。制订不同的评选标准，完善教学名师选拔制度。其次，要出台专门的法规来规范和管理从事职业教育教师的培训，进一步完善培训模式，建立长效的培训机制，出台配套的培训激励机制、鼓励制度，不断培养层次结构合理的后备教学名师队伍。最后，建立科学合理的教师考核评价机制，制定出科学规范、实际可行的教师考核评价指标体系。要规范教师考核评价内容，全面考核评价教师在教学、科研和师德等方面的综合情况，重点对教师的教学业绩和教学质量考核评价。学校要把名师工程作为一项重要的工作来抓，提高对职教名师成长和培养工作的认识，充分认识职教名师在学校发展中的重要性，把职教名师成长规划和职教名师培养规划列入学校发展规划中，制定相关制度和措施来促进职教名师成长。

同时，学校对名师的成长应该提供组织上的保障。职教名师工作室是一个有效形式，值得推广。实践证明，名师工作室的成立，充分发挥了名师的示范、辐射和指导作用，实现了资源共享、智慧生成、全员提升的目的，培养了一批师德高尚、造诣深厚、业务精湛的教师。

三、硬件层面——设备和技术支持

当前，"信息化"作为核心概念已渗透到社会的各个领域。信息技术从产生到广泛应用使教育领域发生了巨大的变化，使我国整体教育质量提高，推动了教育的发展，培养了一批批优秀的人才。具体表现在两个方面：一方面，信息技术的出现，给教育带来了革命性变化，导致教师专业发展的环境得以优化；另一方面，恰当地运用信息技术可以创造更多的机会促进职教名师的成长。为有效地支持职教名师的成长，基于信息技术的知识管理系统的构建至关重要。这将教师教学专业知识的内涵，加以系统化的收集、整理、分析、储存和运用，采取团队合作与专业分工的做法，建置教学数据库并有效管理及运用，提供教师们彼此观摩与学习的机会，将可激发教师们在教学专业领域知识的创新动力，而能进一步开发创新的教学资源。发达的科技、网络为教师的专业发展提供了无限空间，国家对教育的重视为教师的专业发展提供了适宜的气候，各级教育科研部门为教师专业发展提供了肥沃的土壤，教师的自我发展就是播种。在这利于丰收的季节，积极探究专业发展途径，充分进行专业发展，是所有教师的明智之选，是教师个人和社会共成长的良机。

四、个人层面——自主学习和提高

职教名师的成长有了大的社会环境背景、制度保障和硬件支持外，还离不开教师个人的努力。教师可以通过阅读自主学习；可以通过交流向学生学习，向同事学习；可以外出进修学习、参加校外教育机构举办的短期教育培训班、网络远程培训和校本培训；可以通过观摩，观看公开课、示范课、评优课或优秀教师的教学录像，通过分析和研讨来提高教学能力、促进课堂教学质量提高的一种活动。另外，反思模式是教师教学反思能力的一种重要形成方式。反思性教学即教学主体借助行动研究，不断探究与解决自身和教学目的，以及教学工具等方面的问题，将学会教学和学会学习结合起来，努力提升教学实践合理性，使自己成为学者型职教名师的过程。

第八章　校企合作培养高端应用型人才模式探索

从"校办企业"到"企业办校"，再到"专业共建"和"政府推动"，伴随我国转型经济体制的发展，校企合作培养高端应用人才经历了相当长一段时期的模式初探阶段。目前，应用型大学已成为国家培养创新精神和实践能力的主要承担者，负责高端应用型人才的专业化培育任务。加强实践性教学已成为应用型大学培养专业人才的主要战略措施，对应用型大学的发展起着决定性意义。同时，高校应积极推动校企合作人才培养模式的战略进程，为社会培育合格的具备综合素质的人才资源，通过构建教育教学改革的长效机制来实现"育人"目标。为了满足当前经济社会对高端应用型人才的培养要求，借鉴国内外校企合作培养应用型人才的已有经验。本章对校企合作培养高端应用型人才模式存在的问题做进一步探究，尝试探讨了学校缺乏长期规划与企业合作积极性不高的解决办法，并从资源依赖、主要矛盾、财政支持政策以及实现机制四个方面提出切实可行的支持校企合作培养高端应用型人才模式的对策和建议。

第一节　影响校企合作培养高端人才模式的因素

一、校企合作双方认知存在差异

在进行校企合作时，企业与学校之间也存在矛盾。校企合作本应是一种有利于我国人力资源发展的新模式，但可能因合作双方的认知存在差异而使得合作双方之间出现矛盾。有很多企业不愿意进行校企合作，认为校企合作需要前期投入太高的成本，且收益无法预期。这些企业认为，即使不进行校企合作企业也可以获得所需的人才。这是企业合作积极性不高的主要原因。对于学校而言，渴望能够改变校企合作的固有模式，为社会培养出更多能够迅速适应社会所需的人才。此外，合作办学培养高端应用型人才理应以培养人才为目标，但一些学校把这视为创收的门路，忽略了合作办学的根本。企业与学校对合作办学存在认知错误或差异时，就可能影响合作的进行。合作中的事项可能被终止，合作过的双方可能无法持续进行。政府应着力向企业和学校宣传合作办学的宗旨，使二者对合作办学培养高层次应用型人才都有清晰的认知，使这项利于解决我国人力资源问题的事业得以进行下去。

企业对校企合作的认知通常包括三个方面：一是校企合作有助于提升企业的社会形象；二是校企合作有助于为企业招聘到适合岗位所需的人才；三是校企合作能够使企业的固有知识得到更新。这三种有利于企业发展的因素促成了企业接受学校与其进行合作培养人才，否则不会有企业愿意无偿地花费时间和精力投入到校企合作的各项事务中。但是，这三个因素都存在替代因素，也就是说企业能够通过其他形式实现这三种因素给企业带来的效果。企业社会形象的提升可以通过捐助各种慈善事业，制造高品质的低价格产品等形式实现；企业采用广泛的招聘形式也能招到适合岗位所需的人才；企业可以通过聘请专家通过讲座的形式改善企业的固有知识结构。这些替代因素的存在使得企业在进行校企合作时常将校企合作视为成本，而非投入。企业通常会思考校企合作形式是否比其他形式的活动更有利于企业的发展，企业通过校企合作的形式成本是否会过高。校企合作招聘人才投资大、时间长，在市场经济运作下的劳动力市场显示社会型招聘要比校企合作招聘人才更经济、更实用。对于企业而言，校企合作更新知识结构能否实现要看校企合作进行的效果，企业对这种充满模糊与不确定性的知识革新方式有时并不看好。

学校在与企业合作时很难发觉企业与其合作存在这么多的顾虑，学校通常都是满怀激情为着双方互惠的设想积极进行。学校通常认为，校企合作不仅有利于培养社会型人才，更有利于改变学校固有的人才培养模式。以往的教学模式多以培养普适性人才为主，是非专职型培养。这种方式培养的人才在进入社会后需要首先经历磨合期，在适应了社会环境成功实现身份转换后才能适应企业的岗位。毕竟，从学校走入社会，从一个学习了十余载的环境进入到一个完全没有进入过的环境还是需要一个适应过程的。学校认为，校企合作的方式可以缩短学生毕业后适应社会的时长，校企合作能够提前教会学生如何适应社会、如何在入职后做好本职工作。学校通常将当前经济发展中紧缺的专业型人才作为培养的主要目标，认为只有校企合作模式才能实现专业型人才培养的目标。学校对于社会对某专业型人才的需求量、需求标准、需求预期等都缺乏有效的认知，对于该如何与企业合作培养这样的专业型人才也处于试探性状态，没有清晰的认知和明确的培养方案。

合作办学是一种培养高端应用型人才的有效模式，但校企合作双方对该模式的认知差异是阻碍校企合作顺利进行的一大致因，双方应该首先着力解决这一问题。企业应将校企合作视为人才培养的一个投资过程，大学是我国向社会"供应"人力资源的主要结构，与大学合作培养高端应用型人才对企业的长远发展一定能够产生巨大的影响。学校应对校企合作培养高端应用型人才的模式做深入探索，多调研、多论证、多总结，力争把校企合作培养人才的业务流程熟练掌握。政府在此过程中应起到桥梁的作用，一方面鼓励企业对一些特定职位进行就近选择大学合作培养，对于参与合作办学的企业应给予一些鼓励性的政策支持。另一方面，政府也应监督学校与企业的合作，不应该一味地为了合作而合作，不注重合作办学人才培养的效果。对于参与校企合作培养人才的学校或专业应进行定期审核、中期考核，没有达到合作预期标准的应给予相应处罚或终止其合作办学资格；对于高标准完成培养目标的学校可以适当扩大其合作办学的规模，并提供相应的奖励性政策支持。

合作办学只有成功培养出一批又一批的高端应用型人才，这项事业才能顺利发展下去。否则只能是昙花一现，浪费资源。政府在合作办学双方认知差异中起着重要的调和作用，政府既要鼓励企业与大学合作办学培养人才，又要监督二者合作培养的效果。有监管、有奖惩的合作办学才能持续进行下去，否则办好办坏无人问津、办成办不成无人管辖，势必造成你争我抢、资源浪费的局面。由政府作为合作办学的保障体，企业才有动力和意愿与大学合作培养人才，学校才能够切实将合作办学作为一项重要的事业来做。

二、校企合作双方关系不够牢固

当前，学校与企业间构筑起合作的意向通常源自各种人情关系，显然这种靠感情和人脉建立合作的规范性很低，无法经受市场经济的冲击。一旦建立起合作的当事人之间出现小利益纠纷，很可能使校企合作这个大项目被搁置，最终不得不流产或终止。在大学，为了培育出高端的应用型人才，负责人会利用各种关系寻找合作对象。一旦找到愿意合作的企业，可能还没有进行前期调研就会准备签署合作协议。因此，企业是否适合作为合作对象进行合作，学校应该在前期进行大量的调研工作，论证后再进行合作，而不应该依赖于人情关系随机选择。

与学校相比，企业在市场经济的大环境中遇到的不确定性要高得多。企业一旦出现竞争危机，就会把主要精力放在如何开拓市场、创造利润方面，很可能随时终止合作培养人才。企业无法预知合作是否会给其带来利润，投入的成本能否获得高市场标准的收益。当企业当事人与学校当事人因二者的人情关系建立起合作意向并实施时，这种合作关系与市场环境中竞争关系相比过于单薄，企业很可能在进行战略改革时首先终止此类合作以降低不必要的成本。

缺乏有效的法律和制度约束，校企合作中的任何一方都可能随时终止合作给对方带来高风险，而基于人情关系构筑企业的校企合作意向更加重了这种风险性。学校终止合作对企业的风险更大，因为企业不会得到任何好处；企业终止合作对学校也存在风险，学校正在进行的各项措施的改革将不得不终止下来重新进行。鉴于校企合作的关系通常不够牢固，合作双方在合作前应进行认真调研。调研工作做得越充分，合作双方对彼此的了解也会越透彻，构筑的关系也会越牢固，才能有效规避存在的风险。

三、校企合作双方均存在无法规避的风险

由于没有相应的法规、制度支撑校企合作培养高端应用型人才的模式，合作双方都可能随时给对方带来无法规避的风险。对学校而言，校企合作得以进行势必需要对师资队伍建设、专业知识、教学模式等事项进行改革，而这一系列的改革通常都会朝向利于当前合作的方式进行。师资队伍建设可能更倾向于利于合作企业日后吸纳人才的方式进行，而在教授学生时更多地是以当前企业为案例进行教学。专业知识的学习也会倾向于定位当前企业所需的知识层面，教授与当前企业密切相关的理论知识。教学模式的改革也会以利于学生融入当前企业发展的方式进行，教师、学生与企业间通过形成互动体的方式进行教学。这一系列的改革，学校需要耗费大量的人力、物力和财力才能完成。然而，一旦企业单方退出合作，所形成的一系列的固有资源和模式能否适应下一个合作目标，对学校而言将是一个未知数。

同样，对于企业而言，学校的突然退出，也会给其带来极大的风险。企业为了与学校合作，需要派遣人员进驻学校、需要接纳学生进行实习、需要协助学校进行各项改革、需要洽谈企业文化与教学模式和内容的融合，这些事项会给企业带来很多成本，包括机会成本。一旦学校单方面毁约，企业可谓是前功尽弃。企业再想与其他学校合作，就需要重新进行新一轮的人员、时间和物力的投入。校企合作失败带来的风险对企业而言可能远大于学校，学校在校企合作中接收到了新的合作理念、新的专业知识，并为之进行了很多事项的改革、建设了师资队伍、培养了人才。但是，企业在合作中除了付出成本外，几乎没什么成效可言。企业受益通常在合作成功，"订单式"培养的人才很好地融入企业为企业发展做出卓越贡献时才能被实现。显然，企业与大学相比，更不希望合作半途而废，这可能也是企业合作积极性不高的所在。

此外，对于企业来说还存在着人才流失的风险。在进行校企合作时，企业需要付出大量的成本才能获得"订单式"培养人才的优先选择权。然而，一旦合作培养的人才在企业中的需求无法被满足时，就可能存在人才流失风险。人才的流失也预

示着企业在合作中失败，但对大学而言已经完成了人才培养的过程，对学生在企业中是否跳槽已不再关心。

第二节　进一步完善校企合作培养高端应用型人才的模式

《国家中长期教育改革和发展规划纲要（2010—2020年）》提出了"创立高校与科研院所、行业、企业联合培养人才的新机制"，并提出了"建立健全政府主导、行业指导、企业参与的办学机制，制定促进校企合作办学发挥，推进校企合作制度化"的任务和措施，这对校企合作培养高端应用型人才模式的改革有着重大的战略意义和影响价值。当前，我国处于转型经济期，各行各业都需要高端应用型人才积极参与进企业与社会的发展工作之中。然而，校企合作这种培养高端应用型人才的新模式仍处于探索阶段，还有很多地方有待完善才能使得学校与企业妥善合作、实现高端应用型人才培养的目标。在校企合作培养高端应用型人才时，学校通常缺乏长期规划，企业合作的积极性也不是很高。这两个方面影响着校企合作培养高端应用型人才的效果，下面对这两个方面做深入解析。

一、完善学校的长期规划

学校在参与校企合作培养高端应用型人才时，因固有的教学模式根深蒂固，因此在合作办学时会表现出很多无法适应合作办学的特征。这些特征包括四个方面：一是师资队伍建设不能很好地适应校企合作培养人才的模式；二是学校在合作办学培养人才时处于劣势地位；三是固有的教学模式及内容不适应学生综合能力的培养；四是学校在合作办学前的市场调研工作通常不够充分。学校在进行长期规划时，应考虑这些影响校企合作办学模式成功的因素，不断完善校企合作培养高端应用型人才的体制。

（一）师资队伍建设不适应校企合作模式

当前，高校教师队伍的建设多以培养普适性人才为主，很少涉及专业人才的培养。同时，教师与教师之间也缺少沟通和联系，无法形成团队培养的模式。高端应用型人才指的是能够适应当前社会发展的需要，将其所学的先进知识灵活应用于社会实践或工作岗位中的综合能力较强的人才。这种人才的培养不是某一位教师或几位教师独立授课所能实现的，而是需要教师组成培养团队，以共同目标为导向，在协作中培养人才。

高校教师在授课时，通常以相同的授课进度、相同的授课模式和内容教授存在差异性的学生。在教学之前，常假定学生都是同质的，不存在基础知识、学习能力、兴趣偏好等方面的问题。然而，这种普适性的教学模式使得面对校企合作下的差异性学生群体时，教师授课很难以较为专业的方式培养出适合专业所需的人才。在教与学的错位中，老师教学无法得心应手，学生最终的学习效果也将不甚理想。对于校企合作模式下的高校教师而言，应注重自身能力的培养，尤其是应注重提升当前企业急需的专业知识。只有跟上市场经济中企业知识更新的步伐，才能在培养校企合作模式下的学生时游刃有余。

此外，大学教师多"各自为政"，且情况严重。在大学，多数教师都是独立进行教学和科研工作，与同事沟通有限。即便是教授同一门课程，老师们沟通也并不多，多以自己的方式教授课程。这种"各自为政"的职业发展模式，使得大学在师资队伍建设方面也多以培养学术带头人，培养拔尖人才为主。然而，学术带头人或拔尖人才在得到充分发展后，多以个人目的为导向，形成自己的学术小团体，而不是形成有助于人才培养的师资队伍大团体。这种模式下，很难培养出综合素质高、能力强的高端应用型人才。

当有些教师无法融入他人的学术团体时，就会彻底放弃团队意识，以教好自己的课程为目的，沟通与协作在此刻彻底消失。高端应用型人才指的是综合素质高、能力强、有团队协作意识的人才队伍；不是指单个人才，更不是指具备单项技能的人才，而是指能够在复杂任务环境中以协作态度解决疑难问题的高水平人才团队。

鉴于目前高校在师资队伍建设方面存在的问题，很多高校试图通过外聘专家的形式培养人才。显然，这既是一种个体发挥才能培养人才的模式，也是一种不注重团队协作培养人才的模式。对学生培养的结果也只能使其掌握单项技能，难以获取综合素质的提升。当外部环境发生变化，非专家所言的环境条件时，学生就不知道该如何面对和解决遇到的难题。

师资队伍的建设，除了培养出掌握企业所需的最新知识的教师外，还应注重以团队协作的形式培养，避免"各自为政"。在培养高端应用型人才时，尤其是在对高层次人才培养时，学校应设立有效的监督机制，避免形成个人学术小团体。目前，大学人才流失问题有了一定的倾向性。个人学术团体的培育，如果流失的话无疑对学校产生的不良后果将非常严重。如果在师资队伍建设时，以师资团队的培养为导向，以实现师资队伍的可持续发展为目标，并设立独立的机构监督培养过程和经费的使用，即便出现某个带头人流失问题或个别几个拔尖人才流失，依然可以从后备师资梯队中得到有生力量迅速弥补师资空缺，从而不至于对学科发展产生"毁灭性"打击。而且，某些个体离开有团队培育机制保障的习惯性团队后，到了新的单位可能无法有效发挥自己的原有才能。

（二）学校在合作中处于劣势地位

在校企合作中，学校通常处于劣势地位，原因主要是学校对企业的期望与企业对学校的期望相比无法对等造成的。当前，学校为了培养出适合当前经济形势发展的人才，通常希望借助企业之力将学生与社会就业的关系拉近。多数学校都是走出去寻求企业的合作，企业通常碍于一些熟人关系的面子而勉强同意进行合作。在具体合作过程中，企业一方面希望能够得到自己仅需的人才，另一方面希望能够从大学发现新的理念以革新自己的管理制度或技术。然而，在进行合作后，企业通常会发现进行合作式培养人才，额外成本和机会成本太高，没有直接从市场招聘人才省时省力。尽管新入职人员可能比合作培养的员工融入企业的速度稍慢，但新入职人员岗前培训付出的成本与企业在校企合作中付出的成本相比要低得多。这是很多企业不愿意进行校企合作的主要原因之一。鉴于此，大学在校企合作中多处于劣势地位，企业则无法从跟学校的合作中找到足够的动力。

如果想在合作中保持地位平等，学校必须拥有自己的优势资源或核心竞争力。学校在进行校企合作之前，应在理论方面把本专业的知识基础做扎实。企业日常事务的运作通常以实践为导向，很少涉及理论层面。而大学则恰恰相反，以教授、发展理论为导向，对实践操作的要求通常不高。大学作为国家高层次理论知识传播的主要源泉，应注重自身理论知识的学习和提升，应定期检验自己的知识是否滞后，是否存在更为先进的知识资源。只有首先掌握了世界尖端的知识资源，才能为某行业的发展提供最新的理论指导。理论知识的更新换代的速度是大学优势性资源的主体，也是大学构建核心竞争力的源泉所在。大学应注重与世界先进知识资源的接轨，可以通过进行学术交流、师资团队出国培训、协作进行项目合作等方式不断提升自己的知识水平。"谁"掌握了最尖端的理论知识，"谁"就具备了赢取企业合作意向的首要优势。

除了注重自身理论知识水平的提升外，学校应该注重品牌专业的发展。也就是说，学校不应该进行过于广泛的校企合作，而应该进行精英式的发展模式。一项成功的合作能够带来更多的社会资源；而一次失败的合作会给再次合作带来重重障碍，甚至会给本来合作顺利的项目带来负面影响。在具体操作时，学校应设立独立的校企合作部门对进行合作的相关专业进行宏观指导，而不应该由各专业与企业独立进行合作。校企合作是整个学校的一项事业，而不是个别专业的事业，应由学校统一规划进行，不应该由个别专业独立操作。在进行合作前，应进行可行性分析和论证，不应盲目进行。这样就可以避免较高的合作失败率。以精英式发展为导向，以开发特色专业、优势性专业为目标，学校才能形成自己的核心竞争力，在与企业合作时才能避免处于劣势地位。

（三）固有的教学模式不利于学生综合能力的培养

当前大学的教学模式多以学科知识体系为基础进行专业设置和课程体系的设定，这些知识体系在当下的企业中是否实用常无法有效检验。甚至有的课程还在教授十多年前的固有知识，这将非常不利于学生综合能力的培养。教学目标通常有两种：

一种是培养具备学术研究潜质的高素质人才，一种是培养当前社会发展紧缺的实践型人才。无论何种目标，教学模式不改革，坚守与时代发展不符的旧有知识体系将无法实现两大教学目标。校企合作作为注重培养实践型人才的一种有效模式，在大学应该引起足够的重视。但是，好的培养模式不应该被个体或一些个体的利益所驱动，作为培育校企合作型人才的主体——教师应该走出校门。只有教师首先知道企业需要什么人才、需要具备什么样知识水平的人才时，才能为企业乃至社会培养出高端应用型人才。

以固有的教学模式培养新形势下的高端应用型人才，结果必然是耗时耗力，效果甚微。只有基于企业或社会发展的现状所需，重新设置更为合理的课程体系与知识体系才能教授出适合企业或社会发展的人才。进行校企合作，除了注重师资队伍建设和核心竞争力培育外，还应进行教学模式的改革。在新的教学模式下培养学生，学生将更能适应企业和社会所需，在进入企业或社会后也能以更快的速度融入工作岗位中。教学模式的改革是校企合作的表征，既是对合作者企业的承诺，也是对培养对象大学生的承诺。

（四）学校在合作办学前的市场调研工作不够充分

与任何一家企业进行合作办学，都应该首先深入到企业中进行调研和论证。一方面检验自身的专业体系设置是否能够培育出企业所需的人才，另一方面检验企业所需的知识体系是否有利于本专业的长期发展。对此，校企合作中的短期行为问题是影响合作成败的关键，合作办学前充分的市场调研可以有效规避这种失败的风险。校企合作的短期行为是指学校与企业为了实现各自的短期目标而采取的一种短期合作行为，以实现近期目标为主导，不太重视长远目标的实现。在校企合作的这种短期行为中，会因合作双方的价值倾向不同而产生一些问题。这些问题的存在会有损校企合作双方在实现彼此目标时的效益，应对这些问题做深入调研和分析。

对企业而言，以追求利润为导向，希望在校企合作中得到紧缺的人力资源；对学校而言，以发展优势性专业为导向，希望在校企合作中找到人才培养的方向。二者的合作目的通常难以耦合，主要原因就在于短期行为问题的存在，尤其是对企业而言。很多企业并不希望与大学进行长时期的合作，如果企业能够在一次合作中得到知识体系和技术的提升，就不会再花更大的成本进行进一步的合作。学校为了合作而进行的一系列教师资源、课程资源、知识资源的改革将有可能无法适应下一位合作者的需求，而不得不进行再次改革。这种短期行为对大学而言是致命的。因此，合作办学前充分的市场调研工作是必须进行的首要工作，应对企业能否与自己进行长期合作，合作培养人才的方向是否具备可持续性，知识体系是否过于专有性等事项进行充分的论证。

二、提升企业合作的积极性

企业参与校企合作培养高端应用型人才的动力源自能否从校企合作中获得利益，为企业的发展带来促进作用。目前来看，企业参与校企合作培养高端应用型人才能否获得相应的税收减免或财政补贴优惠，国家并没有设置明确的制度；企业能否从校企合作培养高端应用型人才的过程中实现知识更新与技术创新的目标，对企业而言也显得不确定。这些因素的存在使得企业参与校企合作培养高端应用型人才的积极性被遏制。此外，合作办学还给企业带来了人力资源成本、企业无法规避人才流失风险、企业将合作办学视为公益性事业，这三个方面也在影响着企业参与合作办学培养高端应用型人才的积极性。找到影响企业参与校企合作培养高端应用型人才积极性不高的致因，就能有针对性地采取某些激励措施激发企业对校企合作培养高端应用型人才模式的认可。

（一）合作办学增加了企业的人力资源成本

就短期来看，企业在合作办学中需要投入各种成本，且后续能否收益存在很大的不确定性，而企业最终除了能够挑选优秀的毕业生资源外，其他方面的受益并不多。这是企业与学校合作培养人才的积极性不高的主要原因之一。

为了在激烈的市场竞争中存活下来，企业必须不断地创造理论以支撑企业的发展。因投资规模、技术水平、人才潜质以及管理能力的不同，企业在竞争时要么采取具有攻击性的差异化产品战略，要么采用追随型的模仿创新战略，要么采用规避竞争型的低成本战略。无论采取何种战略，企业的目标都是盈利（即创造高于投入成本的利润）。然而，人力资源不同于物质资源，人力资源价值创造效用的发挥需要企业首先投入，而且预期效果也存在模糊和不确定性。比如，企业通过招聘、新员工入职培训、岗位适应性培训等项目使某空缺岗位有了人员的补充，而在新员工入职的每一个环节企业都必须首先投入成本。再比如，企业耗费大量人力、物力和财力在某部门培育出了一位独当一面的精英型人才，一旦企业不能满足这位人才的需求时，他（或她）就可能被其他公司挖走，这对于企业来说有可能是致命的打击。

其实，在企业中与人力资源相关的成本每天都在发生着，而且多数以隐性形式存在。比如，老员工在带新员工时耗费的机会成本，不同部门的员工在跨部门交涉时产生的不信任成本。鉴于人力资源通常是企业隐性成本的源头，所以多数企业在处理人力资源问题时，通常都很谨慎，都会设法规避因人力资源而产生的各种成本。校企合作必然会给企业带来隐性成本，这种成本比企业正常业务形成的成本更具模糊性和难以预测性。

在校企合作的过程中，企业需要派遣专门的人员与学校就合作办学事宜进行协商和监管，后续还要抽调专业人才协助学校销售学生们的专业知识，这些都会给企业带来各种成本。这显然有悖企业以盈利为目的的现实理念。

当然，就长期而言，企业可能会受益。在合作办学过程中，企业可以更多地将自身企业的文化理念融入课堂之中，也可以将不同岗位对人才需求的标准在课堂进行讲授，这些可以为企业节省人才招聘、培训与适应企业氛围等成本。大学生或研究生往往都是一张白纸，当企业在这张白纸勾勒出属于自己企业的各种符号后，这张白纸势必会向着企业行进的方向发展，而且会比其他类型的员工表现出更高的忠诚度。企业可以基于这些骨干力量推行改革措施、实施创新战略、融入文化理念。

（二）企业无法规避合作办学中存在的人才流失风险

劳动力市场竞争自由化，也决定了企业无法规避人才流失风险。与企业相比，合作办学对于学生的意义显然要高于企业。当企业通过合作办学花费大量成本培育出了属于自己的精英型人才时，一旦该人才离职，企业可能需要花费更多的成本才能弥补由此造成的损失。企业为社会的人才培养事业花费了大量人力、物力和财力，但由此形成的人才流失成本当前却没有部门会帮助企业规避或替代企业承担。这在很大程度上也影响着企业对合作办学的积极性。

（三）企业将合作办学视为公益性事业

校企合作带有一定的公益性，而政府又没有相应的法律和鼓励政策给予支撑，这使得企业很难主动去从事这样的事业。当前，市场竞争环境越来越激烈，多数企业都在忙于应对各种风险，设法击败对手使自己存活下来。企业可以通过招录实习生的方式挑选人才，对于需要提前付出大量成本才能挑选毕业生，并存在人才流失风险的合作办学方式，往往企业合作的积极性并不高。

企业参与校企合作培养高层次人才的目的包括两个方面：一是履行现代企业的社会责任；二是成为产学研及校企合作的第一受益者。企业的存在既要通过参与市场竞争的方式创造利润、解决就业问题，又要通过与非利润部门合作的形式为国家解决一些社会性问题。高层次应用型人才的培养由大学发起，但需要企业与大学进行合作才能实现最终的培养目标，企业参与此项事业属于履行社会责任。在责任之外，企业也可在参与合作培养人才的事业中获得好处，包括直接利益和补偿性利益。直接利益是指企业可以实现人才的订单式培养和招录，并在人才选拔时具有优先选择权。此外，企业还可获得补偿利益。补偿利益是指企业参与校企合作培养人才时在新产品的开发、技术改造、人员培训和科技咨询等方面得到来自高校的支持，这种知识、技术的交互更新是企业不断完善自我、创新发展的源泉。

当前，校企合作完全属于"民间形式"，国家没有制订相应的法律法规支持校企合作培育高端应用型人才。比如，校企合作双方的行为规范、校企合作中双方如何积极主动参与、校企合作税收优惠政策、校企合作形成的人才流失风险保障措施等。这些因素是支撑校企合作培育高层次人才的有力保障，政府应该对之进行立法，为校企双方提供一个良好的利于进行合作的平台和大环境。

第三节 校企合作培养高端应用型人才模式对策建议

一、资源依赖是校企合作的基础

（一）资源依赖理论与校企合作

资源依赖理论假设没有任何一个组织是自给自足的，所有组织都必须为了生存而与周边环境进行资源交换，进而对外部环境中的资源形成依赖。一个组织对另一个组织的依赖与这个组织对它所依赖的那个组织能够提供的资源或服务量成正比，而与可替代的其他组织提供

相同的资源或服务的能力成反比。组织作为一个开放的系统，无法通过自给自足所有资源得以生存和发展。依据资源依赖理论，校企合作的基础是高校与企业之间对资源的相互依赖，在形成依赖时二者间是否具有对等性是校企合作能否持续进行的关键所在。

（二）高校在校企合作时应做的制度化调整

为了激发企业参与校企合作的动力，高校应注重加强自身建设，不断提高教学、科研和服务水平，进而提升高校在校企合作中资源的互补能力。在与企业合作时，高校至少应在如下五个方面做相应调整。第一，根据企业用人所需调整实践教学计划；第二，利用职业技能综合培训基地为企业提供职工培训和技能鉴定；第三，利用学校的科研机构为企业进行技术研发和服务；第四，派出骨干教师为企业提供技术服务；第五，与企业合作进行技术攻关。同时，还应采用建章立制的办法解决校企合作双方的约束性问题，应从如下三个方面健全组织机构基础上不断完善技术性制度。第一，成立校企合作委员会；第二，成立校企合作办公室；第三，成立专业指导委员会。

（三）企业参与校企合作的动力源

对企业而言，当面临自身难以克服的困难时，就会试图通过资源交换的合作方式来解决问题。如果合作双方拥有的异质性资源正好能够相互协调并满足对方需求的话，双方的合作绩效会较高。潜在吸收能力强的企业会倾向于以一种更加正式的合作模式来进行校企合作。校企合作的最终目的是利用高校的创新资源与企业合作，开发出新产品以满足不断变化的市场需求。在校企合作中，企业是知识受体，实际吸收能力越强，则对高校转移知识的理解也就越深刻，从而黏滞知识转移的程度也就越高。校企合作过程从一定意义上来讲是一个知识转移的过程。如果通过合作，高校的知识顺利地转移到了企业，校企合作绩效就高。如果企业没有掌握高校的知

识，事事都离不开高校，校企合作的绩效就低。

二、破解主要矛盾、推进校企合作培养高端应用型人才

深化高端应用型人才培养合作的模式，建立良好的校企合作机制，就必须面对和解决校企双方利益均衡博弈中可能存在的突出矛盾。

（一）普通高校与企业合作培养高端应用型人才时的差异性属性

高等学校与企业在合作培养高端应用型人才时存在阶段性，但在此过程中二者的基本属性变化不会太大。高校的根本任务仍然是向社会提供优秀的人力资源，为社会培养出有创新精神及实践能力的高级专门人才，满足社会经济发展对人才资源的"渴求"。当企业从事生产、销售及服务等经营性活动时，满足了社会大众对产品或服务的需求。企业是一个自主经营、独立核算，并依法设立的以盈利为目的的经济组织。企业在出现人才空缺时，要么通过人才市场引入，要么自己培养和跨部门配置。不难想象，企业参与人才培养的驱动力来源于需求和经济预算。我国教育部在推进高端应用型人才的培养模式改革时，所实施的很多人才培养项目均鼓励高等学校与企业合作培养高端应用型人才。然而，企业作为市场竞争的主体，人力资源是其参与市场竞争获取持续竞争优势的主要源泉。企业只有掌握了关键性的人才资源才可能在激烈的市场竞争中得以生存和发展。尽管普通高校与企业合作培养高端应用型人才时的属性存在差异性，但人才培养的结果对二者确实是共赢的。因为，人才培养和企业实际需求阶段性脱节的矛盾已成为企业竞争和发展进程中的一个无法逾越的"短板"，人力资源的竞争和需求成为企业主动参与人才培养的动力源，也成为校企双方在人才培养时能够合作并获取长远发展的基础。

（二）地方高校与企业在合作培养人才中的主要矛盾

目前，地方高校与企业在合作培养人才时面临的主要问题是，高等学校在开放性办学过程中与企业合作时存在着体制机制上的约束，尤其是合作过程中经济化还是去经济化。这种矛盾在地方性高校与企业合作中表现得尤为明显，且区域性差异和资金投入的不足更加深了这种矛盾的激化。地方性高校具有自身的行业背景，即在人才培养定位中通常会定位于特定类型的高端人才培养，因为高校只可能在某些行业人才培养方面存在优势。企业对人才的需求随产品市场而变，与高校相比对外部市场环境信号的反应更灵敏和及时。当地方高校与企业合作培养高端应用型人才的体制性作用因市场变化而不得不解除时，再继续进行校企合作势必面临很多困难和矛盾，而进行跨区域性的校企合作和拓展，几乎成为不可能。因为，此时的体制性约束将更加明显，校企双方合作也会更加困难。而且，高等学校在参与高端应用型人才合作培养时，经费投入巨大，如果地方性高等学校经费投入不足，在市场机制作用下企业会因经济利益而解除与高校的合作关系。对高校而言，以建立实习、

培训基地的形式维持校企合作的方式可能会因实习基地需要经常性地调整而变得极不稳定。实习基地若没有相应的体制和机制约束，将很难在人才培养过程中将合作理念深化下去。对企业而言，为了解决临时性人力资源短缺或者为了降低劳动力成本，可能会同意接收一定比例或数量的在校学生进厂实习。但让企业配合高校参与到人才培养的改革中，并须全程与企业保持密切关系，企业主观上的积极性可能不会很高。此时，学校也面临着经费投入的压力，企业这种临时性的合作行为缺乏主动性和长效激励机制。校企合作进程中的这些矛盾不解决，我国高等教育校企合作培养高端应用型人才模式的改革就难以推进。

三、实施财政支持政策是校企合作的外部保障

（一）政府对高校校企合作实施财政支持政策时存在的一些问题

政府是校企合作双方合作关系得以发生的坚实后盾，为二者合作提供制度保障，发挥宏观调控功能。政府应通过实施促进教育改革和发展的财政性政策来支持校企合作的深入进行和发展。但是，由于校企合作培养高端应用型人才的内容多、参与者多、过程复杂、利益冲突严重，使得财政性政策在实施时可能会出现一些问题。首先，多数财政性政策属倡导性文件，可操作性不高。此时的财政性支持政策缺乏法律强制约束力，使得大多数政策仅停留在鼓励企业参与到校企合作的意识形态层面，无法进入到企业的责任和义务层面。而且，由于政策文件对企业责任和义务的规定不够明晰，致使很多企业为了暂时利益可能与政府打政策擦边球，没有实质性地参与到校企合作培养高层次人才的计划中来。其次，财政性政策的激励程度往往不高。因为，在校企合作的过程中，企业与学校是两个独立的直接利益相关人。对学校而言，想通过合作来利用企业的先进技术和设备锻炼学生的实践能力，进而提高学生的综合素质和扩展学生的知识面。同时，提升学校的就业率、办学质量及知名度。对企业而言，则是想通过利用学生资源，一方面为企业创造效益，另一方面为企业储备人才和知识。此时，政府应发挥宏观调控作用，给予校企双方财政上的支持，通过财政政策激励校企合作双方参与合作的意识。最后，政府的财政性政策往往缺乏监督力度。由教育部门出台的校企合作政策和文件，缺乏强制性和约束力。此刻，企业很难认识到自身的法律责任，从而不会积极参与校企合作，因为义务感、紧迫感过低。此外，财政性政策只是单纯地提出了对企业有哪些鼓励性政策，很少涉及如何惩罚的问题。即，当有企业抵制校企合作时，政府没有相应的政策文件来对其进行监督和惩罚。因此，政府在实施财政性政策时，应将校企合作的分管责任明确化，使监督部分对校企合作双方都能做到有效监督、激励和惩罚，这样才能调动校企双方合作的规范性和积极性。

（二）国外发达国家在高校校企合作财政支持政策方面的经验

国外在校企合作问题上实施了一些财政性政策，给他们的企业带来了实惠，也调动了企业参与校企合作培养高端应用型人才的积极性。下面对能够促进校企合作培养人才顺利进行的一些财政性措施做一简要介绍和说明。

德国的教育法律体系对于校企合作的相关问题是有具体法律条文规定和支持的。德国设立的"产业合作委员会"目的在于使校企合作的双方——"学校和企业"能够在第一时间相互监督控制，与此同时实施降低企业学校税收的政策。英国高校委员会通过为企业提供信息

咨询服务，企业则每年划拨资金为高校购买设备，学校与企业之间的互利性互动使得大学和企业间的联系日益紧密。英国政府曾把对小型企业的税收减免用于研发资金的税收做法更改为税收信贷，规定了企业能为学校和学院兼职的职员申请减免税收。英国政府在税收方面给予校企合作双方的优惠非常大，这会大大激发双方合作的积极性。法国对企业参与校企合作也给予了一些税收优惠政策，对办学和接纳学生实习的企业减免培训税和学徒税。

国外政府针对校企合作培养高端应用型人才提出的财政支持政策包括财政拨款、法律督导、减免税收三个方面。通过财政拨款支持和激励校企合作的主动性；通过法律督导规范和约束校企合作的行为；通过减免税收保障校企合作的顺利进行。

（三）我国实施校企合作的财政政策和建议

首先，通过法规明确并细化对企业的税收优惠政策。通过颁布相关法律，对接收学生实习的企业给予税收减免，并对企业接受学生的数量、承担培训学生的费用等问题做出明确规定，给出相应的税收减免标准。可由人力资源和社会保障部、教育部、财政部、发改委等相关部门组成一个"产学合作委员会"，对企业提出相关的利益权利优惠政策，比如免税和奖金等。对校企合作进行立法可以为高校长期和企业进行互利合作提供法律保障，更能最大限度地调动合作双方的积极性。其次，积极强化财政激励政策。随着教育投入的不断增加，国家在财政政策方面应给予校企合作一些激励性政策，政府应拓宽向参与校企合作的企业提供财政支持的渠道。当企业有机会得到实质性的合作收益时，就会主动积极为学校提供合适的实习、实践基地。在校企合作过程中涉及学生和教师实习、实践费用时，国家应设立专门的财政专项拨款为校企合作顺利展开提供资金保障，努力不让学生实习成本成为阻碍学校和企业合作的挡路墙，为培养更多高素质的优秀人才提供资金支持。最后，加大对校企合作的监督力度。通过税务、企业监管等部门对学校、企业的监管记录，严格考量企业在校企合作中的责任表现。根据相应的指标数据决定对参与校企合作的企业是否减免税收、发放津贴、给予银行贷款等政策性优惠。

参考文献

[1]凌守兴，陈家闰.演化博弈视角下的高职校企合作生态系统构建[M].苏州：苏州大学出版社.2018.

[2]史伟，杨群，陈志国著.新时期职业教育校企合作办学模式探索[M].天津：天津科学技术出版社.2018.

[3]黄朝辉主编.校企行业合作系列教材Java程序设计教程[M].厦门：厦门大学出版社.2018.

[4]牛清明.职业教育校企合作研究[M].北京：研究出版社.2018.

[5]山东省职工教育协会编.山东省职工教育与校企合作[M].济南：山东人民出版社.2018.

[6]曾照香著.产教融合校企合作创新研究[M].成都：四川大学出版社.2018.

[7]赵国忠著.职业教育校企合作问题研究[M].汕头：汕头大学出版社.2018.

[8]赵国忠.职业教育校企合作问题研究[M].汕头：汕头大学出版社.2018.

[9]黄素.高职院校校企合作机制研究与实践[M].北京：北京工业大学出版社.2018.

[10]本书编委会.校企双制工学一体校企合作工作指南[M].北京：中国劳动社会保障出版社.2018.

[11]陈懿著.高职校企合作动力机制与合作模式研究[M].北京：北京工业大学出版社.2018.

[12]王明东著.校企合作下的地方本科院校教学质量管理研究[M].延吉：延边大学出版社.2018.

[13]钟和平著.企业冗余资源与校企合作创新的关系研究[M].北京：经济科学出

版社.2018.

[14]穆创国，芦琴主编；高振兴，郭庆，何祖朋副主编；张少卫主审.校企合作特色教材水利工程施工技术[M].北京：中国水利水电出版社.2018.

[15]郭丹著.校企合作模式下计算机教学改革研究[M].北京：北京工业大学出版社.2018.

[16]杨勇著.高职校企合作教学模式及动力机制研究[M].北京：北京工业大学出版社.2018.

[17]年梅著.新疆计算机工程技术人才校企合作培养研究[M].北京/西安：世界图书出版公司.2018.

[18]寸金澳翔校企合作与实践基地建设的调研和实践[M].成都：电子科技大学出版社.2018.

[19]宁双著.高职院校酒店管理专业校企合作人才培养模式研究[M].北京：现代出版社.2018.

[20]郑淼著.高等职业院校"十三五"校企合作开发系列教材园林绿地景观规划设计[M].北京：中国林业出版社.2018.

[21]眭碧霞著.云计算技术与应用专业校企合作系列教材视频直播APP应用开发[M].北京：高等教育出版社.2018.

[22]杨华金.全国BIM技术应用校企合作系列规划教材BIM模型园林工程应用[M].西安：西安交通大学出版社.2018.

[23]王文山.职业院校潍柴博世校企合作项目教材柴油机电控管理系统[M].北京：人民交通出版社.2018.

[24]唐玉琦著.基于京津冀一体化背景下的计算机专业校企合作模式探索与实践[M].延吉：延边大学出版社.2018.

[25]机械工业教育发展中心，全国机械职业教育教学指导委员会.全国机械行业职业教育校企合作典型案例与优秀论文集[M].北京：机械工业出版社.2018.

[26]高职"跨境"背景下电商专业人才培养校企合作研究[M].长春：吉林科学技术出版社.2018.

[27]周宇霞.基于校企合作的高职院校财经类专业课程开发研究[M].长春：吉林人民出版社.2018.

[28]罗颖，伊雯雯，汤晓燕.云计算技术与应用专业校企合作系列教材Java Web云应用开发项目式教程[M].北京：高等教育出版社.2018.

[29]高职院校校企深度合作机制研究[M].长春：吉林教育出版社.2018.

[30]宋立著.高职院校校企深度合作背景下办学模式的构建和探索[M].北京：科学出版社.2018.

参考文献